改訂版

大倉喜八郎かく語りき

進一層、責任と信用の大切さを

東京経済大学史料委員会編

目次

三　国民に訴える

初版刊行に寄せて

東京経済大学 学長　堺　憲一

二〇一四年一〇月一八日は、東京経済大学の歴史のなかで末永く記憶のなかにとどめられる一日となるのではないでしょうか。「大倉喜八郎 進一層館」の開館式と大倉喜八郎銅像除幕式が執り行われるからです。そして、その日にあわせて準備されたこの『大倉喜八郎かく語りき』は、その日に最もふさわしい記念の一品になると言えます。

この本のなかでは、東京経済大学の「建学の精神」である「進一層」や「責任と信用」という言葉の由来、大倉商業学校創設の目的、さらには同校の「伝統」として指摘されてきた「実学教育」や「英語重視」の理由などが、大倉翁自身によって、しかもわかりやすい言葉で語られているのです。もし、大倉翁の銅像の前で、この本を読まれるならば、あたかも大倉翁が直接あなたに語りかけるかの如く、いっそう心に響きわたることでしょう。ここで、大倉翁の語りを二つほど要約して紹介しておきましょう。

困難や難局に直面したとき、人間はすぐに弱気になってしまい、なにもしないで過ごしがちになる。しかし、一歩退いて考える「退一歩」などという消極的な覚悟では、とても壁を突破することはできない。勇気を奮い起して、「進一層」の精神が必要なのである。もちろん、調子に乗ることでも、前ばかり見ていることでもない。細心の注意と慎重さを持ちながら、勇気をもって邁進することが大切である（「進一層」より）。

人間の知恵にはさほどの違いがあるわけではないにもかかわらず、仕事がうまくいくかどうかを決するものがある。それは、「生きて行く上での覚悟」にほかならない。常に緊張した精神と強い意志とを持って、はっきりと「ノー」は「ノー」、はっきりと「イエス」は「イエス」とする。そして、いつも溌剌なる活気をもって人生百般の事にあたり、いつまでも一事に拘泥などせず、過去のこと、終わったことは、きれいに忘れて、新しい道に、生き生きと進んでいくべきなのである。この覚悟が、私の言う「生活覚悟」で、太く強い金属の線をピーンと張り切ったような態度で進んでいけば期せずして成功の彼岸に達しえる（「わが処世陣」より）。

東京経済大学および大倉翁の関係者にとって、このような必読の書ができあがったことは、まことにうれしい限りです。尽力された皆様方に対し、心からの謝意を表したいと思います。

初版刊行に想う

学校法人　東京経済大学
理事長　岩　本　　繁

この度、本学・史料委員会の編纂によって、大倉喜八郎の講演、談話などが集められ、一冊の本にまとめられました。収められた三〇編の講演等の中には、私自身何度となく読み親しみ人生訓としたものがありますが、多くは未見のものであり、大変興味深く貴重な講演・談話集となったと思います。この三月まで史料委員会の委員長を務められた大森賢二教授、四月に委員長に就任された大岡玲教授の新旧二人の委員長の他、村上勝彦元学長・史料委員会顧問を含めた史料委員会関係者の労を多としなければなりません。

大倉喜八郎は、明治・大正・昭和の激動の時代に一代で大倉財閥を築き上げた大実業家ですが、その他にも多くのことを行っています。東京経済大学の前身である大倉商業学校の他に、大阪大倉商業学校（現・関西大倉学園）、朝鮮半島に善隣商業学校（現・善隣インターネット高等学校）の三つの学校を創立し、日本初の私立美術館である大倉集古館を創設し、晩年まで狂歌創作を続けるなど幅広い分野に足跡を残しております。私はことあるごとに、大倉翁の波乱にとみ、挑戦し続けた人生のこと、大倉翁の話された、若い人へ伝えようとしたことなどを、学生や卒業生に語ってきました。今年四月の入学式には、大倉翁のことを紹介したパンフレット「創立者・大倉喜八郎から受け継ぐ『進一層』のＤＮＡ」を作り新入生に配布しましたが、新入生と保護者の皆さんには好評でした。

大倉翁の大倉商業学校創設に託された想い、開校の頃から最晩年にいたるまで、学生に語りかけ続けたことには、一貫した強固な考えがあります。それは商業、経済、語学など実学教育の重視であり、国際性の涵養、挑戦し続ける姿勢、責任と信用の大切さであります。この大倉翁の考えが、今日の本学の建学の精神として受け継がれ、百十四年を超える校風の核心を創ってきたことを改めて痛感します。また、大倉翁が残した言葉を読んでみて、大倉翁が当時の青年、更には広く国民一般にも熱く語りかけていることは、現在の経済のグローバル化がますます進んでいる時代にも新鮮な感銘を伝えると思います。

本年一〇月一八日には、「大倉喜八郎 進一層館」が開設され、その正面には卒業生有志の寄贈による大倉翁の銅像が建ち、館内には「多目的ホール」や「本学沿革史展示コーナー」も設置されます。これに符節を合わせて一冊の貴重な本が刊行されることは大変意義深いことと思います。本学の建学の精神を振り返るまたとない拠り所ができ、慶びに堪えません。

解説

東京経済大学名誉教授・史料委員会顧問
村上勝彦

一　大倉喜八郎の生涯と人となり

本書は、大倉喜八郎（以下、喜八郎と略）が一八八六（明治一九）年から一九二八（昭和三）年にかけて、数え年で五〇歳から九二歳までに、自ら創立した三つの学校の生徒・卒業生および全国の青年に対し、商人になるための要件、幸福な生涯を送るための条件を語り、また同業者および広く国民に対し、当時の社会への批評を提供したものである。

喜八郎は、「私は他人に、道を説いたり、成功の秘訣を教えようなどとは思っていない、郷里から江戸に出てからの七〇年の体験、苦難の経歴、九二歳の生涯を振り返って自分が歩んできた道だけを述べる」としている。数え年ではあるが九二歳は当時としても極めて長寿であり、生涯、多くの仕事を成し遂げられた要因はその長寿にもあった。本書が平易、具体的、教訓深いものとなっているのは、そうした経験談が主になっているからである。したがって、詳しくは巻末の略年譜をご覧いただきたいが、本書の内容を理解するには、喜八郎の生涯における要点と人となりを知ることが必要となる。

世の中に「天の時、地の利、人の和」という孟子のものとされる言葉があるが、喜八郎には、「天の時、地の不利、人となり」という言葉があてはまるかもしれない。一八三七（天保八）年の天保生まれは、なによりも「時代の子」であり、「天の時」を享受しえた。というのは天保生まれは、幕末維新の大変動期を、自分の将来を自分で決められる青年時代に迎えたのであり、そこで鍛えられ、大飛躍した者のなかから、後に財閥と呼ばれ、日本経済を先導・支配する企業集団の創設者が輩出した。喜八郎の数年前に古河市兵衛・岩崎弥太郎、翌年に安田善次郎、数年後に渋沢栄一等が生まれている。浅野総一郎は天保期ではないがその直後である。

しかし維新後は、倒幕派のリーダーだった薩長土肥、とりわけ薩長の天下となり、北陸の小藩、新発田《しばた》の出身だった喜八郎は、新政府への建策もことごとく薩長土肥出身の商人たちの手柄になってしまうという悲運を味わい、何度も無念の涙を呑んでいる。そのため彼らの二倍、三倍の努力が必要だと自覚し、それが生涯の習い性となった。「地の不利」をカバーしたのは、そのような努力と、何度失敗してもくじけない、持って生まれた楽天的性格等の「人となり」にあったといえよう。

商家の出身で、その三男坊であったことも付け加えねばならない。祖父、大倉定七の豪快な商人ぶりを尊敬し、それを目指して喜八郎は商才を磨いていった。この祖父の墓碑銘を刻した江戸後期の思想家、頼山陽《らいさんよう》は、喜八郎の祖父を中国、後漢の名将、馬文淵《ばぶんえん》にたとえ、祖父がもしも新発田から大都会に出ていれば、より大きな功をあげたであろうとした。孫の喜八郎がそれを果たしたことになる。家を継げない三男坊であることと、武士の専横暴慢を身近に感じたことから、出京したのである。

郷里の少年時代に、生涯に影響を与えた二つのことがある。一つは、儒学者、丹羽伯弘《にわはっこう》が開いた積善堂に入塾し、「知行合一《ちこうごういつ》」という行動主義的な陽明学の教えに接したことである。人間の性善を信じ、人の意思いかんによって人生が決定されるとし、「進一層」の精神で事にあたれば道は開けるという堅い信念である。もう一つは、大極円《だいきょくえん》（柱吉六）の門に入って狂歌を学んだことである。生涯一万首以上とされる狂歌を詠み、何冊かの狂歌集を出し、狂歌復興の担い手にもなった喜八郎は、洒脱な心意気と、失敗しても焦らない余裕を狂歌づくりから学び、狂歌仲間とのネットワークを通じて知的関心の広さを可能にした。本書には狂歌四首が載せられている。

出京してすぐに鰹節店の丁稚奉公となり、商売のコツを覚えた三年後に小さな乾物・魚店を開いた喜八郎は、開店二年後の安政飢饉の際、赤貧でもない長屋仲間が「お救い米」を貰いに行く姿を見て、「人情の浅ましさ」を感じた。これが喜八郎の慈善事業観の原点となる。一人で立ち働く忙しいなか、日頃書き留めておいた訓言を一冊の本、『心学先哲叢集』に纏《まと》めあげた。商人道を説いた石門心学《せきもんしんがく》の「心学」を名としたこの本は、商人のあるべき道、いかなる商人になるべきかを思索した結実であり、「責任と信用」を重んじる精神の基《もと》となった。この本の復刻版は二〇一〇年に東京経済大学より刊行されている。

青年時代の最大の転機は、銃砲商への商売替えと、欧米視察の二つであった。輸入品である銃砲の商いは、外国商人との交渉や、当時、社会で最も開明的であった各藩砲術師範等への売り込み・付き合いを通じて、初めて広い世界に触れることを可能とした。その延長線上に、民間人初の長期欧米視察旅行があったことは、「進一層」精神の保持者、喜八郎にとって必然的ともいえる。居留地の外国商人と取引することの不利を海外で学び、帰国直後にロンドンに日本企業初の海外支店を設けたことも同様であろう。旅行で得たものは、岩倉使節団との面識というよりも、彼ら政治指導者たちと同じ高みで状況を把握できるようになったことである。十数年後に再び欧米視察に恵まれ、欧米経済の強さは商売の手続き、方法等の近代的あり方にあること、改めて日本のそれの旧態依然たることを認識する一方、欧米諸国によるアジアへの進出・侵略の厳しい現実を知った。帰国直後に刊行した『貿易意見書』はそれを纏めたものである。

さらに十数年後、改正条約の実施、外国人の内地雑居を目前にして、青年が近代的商業と外国語（英語）を習得することが緊急の課題と考えた喜八郎は、巨額の私財を投じて商業学校の創立に取り組んだ。大倉商業学校、大阪大倉商業学校と、朝鮮での実業振興を企図した善隣商業学校がそれである。喜八郎はまた、アジア諸国の連帯と協力でアジア復興を目指すとした初期アジア主義的な興亜会にすでに参加しており、会の趣旨であるアジア間貿易の振興と共同企業の設立を自己の課題とした。喜八郎の後半生はその実現に向けられたといってよい。

喜八郎はほとんどの近代産業の創設に関わり、それら企業設立の発起人となっている。欧米をよく知る立場から、いち早く外資導入論を唱え、青年には世界を舞台とする活動を勧めた。大正期になると、第一次大戦を機とした好況期の成金的風潮を戒め、戦後の不況期には日本の放漫経済と軽佻浮薄《けいちょうふはく》な社会風潮を厳しく批判し、亡くなる寸前には、「昭和維新の断行を」とまで訴えるようになった。日本の中国政策についても疑問を呈し、持論である日中経済提携論の具体化に邁進《まいしん》した。

二　大倉喜八郎は何を語っているか

社会批評についてはすでに述べたので、ここでは生徒・青年たちに語ったことの要点を紹介する。何度も言葉を変えながら、与えられた仕事はたとえ小さなことでも精魂を込めてやり、徐々に積み重ねて行くことが重要で、それを一意専心、大志小心、一歩一歩、数積度重《すうせきどじゅう》（後述）等の言葉を使いながら平易に語っている。仕事の成功は遅々たるもので、その道行きは常に一高一低、浮沈盛衰があることを知ることが大事だとする。そこで当然、辛抱、忍耐が求められる。これらの基《もと》には、働くことを愉快、幸福、至福と感じる心持ちがあり、立ちふさがる悪魔は安逸懶惰《あんいつらんだ》、サボルことだと語る。

ではいかなる仕事をやるべきか。職業に貴賤はなく、大事なのは自主自立の精神である。人真似は自主に反したことであり、「自分は自分だ」と強調する。自立は自助と密接な関係にある。喜八郎は、明治初期に中村正直が著した翻訳本『西国立志編』を読み、自分のこれまでの精神と閲歴がその本の内容に合致していることを快とした。その原著の題名は、「Self-Help」（自助論）である。喜八郎はことのほか自助という言葉を好み、大倉学校の生徒にそれを詠み込んだ歌を贈っている。

自主自立は自信が基となり、その本来の字義である「自分を信じ」ていれば、決して他人からの毀誉褒貶《きよほうへん》には捉われない。世間の紛々《ふんぷん》たる毀誉褒貶によって、自己の信念を二三にする者は、とうてい大事をなすことはできない、人間の評価はその人の棺桶の蓋《ふた》が覆《おお》われて後に初めて定まるものであり、決して気にする必要がない、という。自主自立、自助に反する最たるものが借金であるとし、青年には決して借金をするなと説き、国家に対しては借金財政を厳しく批判する。もちろん事業上の借金は、私生活上の借金と違い、血のかよった、生きた金だから別だとしている。

先にふれた慈善事業のあり方は自助の精神と密接な関係にある。慈善事業には積極的と消極的の二様があり、貧困を防ぐために仕事を作り出し、それに不可欠な教育を施すことは積極的慈善事業に当たるとし、喜八郎は学校創立に情熱を注いだ。貧しい人々等を助けることは決して悪いことではないが、それは消極的慈善事業であり、もしそれが安逸懶惰を誘うものならば自助の精神を打ち壊すものとなると批判する。

一歩一歩、数を積み、度を重ね、少しずつ成功させながら、稼いだ金を勤倹貯蓄することは大切なことだが、より重要なのは進取の精神である。その端的な表現が、さらに先へ先へと進もうとする「進一層」で、この言葉は喜八郎の造語と思われる。その基になるのが勇気、大胆であり、これに対し「退一歩」は引込思案で消極的な処世法だとする。

仕事は何よりも公明正大なものでなければならず、常に良心に従って行うことが必要で、それが勇気の源泉となり、いかなる毀誉褒貶も気にならなくなる。一度口に出したこと、約束したことは必ず実行するという責任、義務の観念が大事で、そのことを「言葉の名誉を重んじる観念」と面白い表現をする。それが土台になって信用、信頼が生まれる。信用のない人間は首のない人間のようなもので、人間として少しの価値もないと断言する。信頼は、正直、誠意、真面目、真剣さから生まれるのだが、正直はそれ自身、無形の資本となり、何も金銭だけが資本ではないと興味深いことも言っている。晩年の喜八郎は、生徒・青年に対し、「進一層」と「責任と信用」をとくに強調した。「進一層」には陽明学、「責任と信用」には石門心学の思想的背景がうかがわれる。

喜八郎の人生観はつぎのようなものであった。宇宙・自然は広大無辺である一方、人間は卑小な存在で、自然にある物を一つとして同じ物に作れず、また人の寿命も限られている。天才を別とすれば、人間はほとんど均質で、教養、年齢、経験の差による違いがあるだけであり、努力によって自分をより高めることができる。その努力を生み出す基は、イエスはイエス、ノウはノウと、自分の意思をはっきりさせる生活覚悟、つまり生きて行く上での覚悟であると述べ、その覚悟の基はいうまでもなく勇気であるとする。

三　いつ、どこで語り、どこに発表されたか

いつ、どこで語ったかは、各節の表題及び冒頭に記した演説等が行われた年月日と場所（学校の場合は校名）によって示したが、その記載がない場合は、掲載誌の発行日からさほど離れていない時期で、雑誌編集者等に語ったものと推測される。ただし若干の注釈が必要である。「大倉商業学校生徒に告ぐ」（一の1）は、時期不詳だが同校開校式の当日か

ら出典の『大倉商業学校演説集』の刊行直前までの間の時期である。「善隣商業学校に於ける訓話」（一の7）は、出典の『鶴彦翁回顧録』での時期記載は誤りと思われるので、喜八郎の同校訪問時に修正した。「就職難か求人難か」（二の10）は、『鶴彦翁回顧録』での記載時期にはすでに喜八郎が大腸癌の疑いありと診断されて療養生活に入っているので疑問であるが、そのままとしておいた。「進一層」（三の11）は、出典の『鶴友』には時期と場所の記載がないが、ほぼ同文を掲載した『鶴彦翁回顧録』からそれらを特定した。

一九〇〇年に開校された大倉商業学校は、創立一〇周年、二〇周年に記念式典を開催し、また一九〇九年に結成された卒業生の同窓会（後に葵友会と改称）が活発な活動を行っており、それらでの喜八郎の演説が学校および同窓会が刊行した記念式典の記録に載っている。喜八郎は亡くなる三ヵ月前の始業式で、学生に最後の訓話をしたが、それは「責任と信用」を大倉学校の魂、学校独特の特徴として下さいと衷心から学生に語りかけたもので、『最後の訓話』として刊行された。喜八郎の生誕百年を記念して『鶴彦翁回顧録』が編まれ、大阪大倉商業学校および善隣商業学校での訓話をはじめ喜八郎の多くの学内外における演説が収められた。そして学校創立四〇周年のときに刊行された。大倉商業学校の開校翌年に、本科とは別に勤労生徒のための夜学専修科が設けられ、その第一回卒業式で喜八郎は演説したが、この記録は『鶴彦翁回顧録』にはなく、雑誌『実業世界太平洋』が、商業界で身を立てようとする青年のためにとくに掲載したものである。

本書の出典には『実業之日本』が圧倒的に多く、合計一二を数える。当時の経済誌での喜八郎関係記事はすこぶる多く、なかでも『実業之日本』が断然多い。それはこの雑誌が、ちょうど喜八郎の活動が世間の注目を集め始めた頃の一八九七（明治三〇）年に創刊され、第二次大戦後も継続発行されたという息の長さ、半月刊という発行度数の多さ、そして何よりも雑誌の性格、加えて喜八郎が主宰者の増田義一と親しかったことなどによる。そのほかの出典には、『商業界』『実業界』『新日本』『雄弁』があり、やや特殊なものに、『貿易』『内地雑居準備会雑誌』『鶴友』『鶴友会々報』がある。

喜八郎は二度目の洋行で貿易振興機関の設置を痛感し、帰国直後の一八八五（同一八）年に創立委員となって貿易協会（後に日本貿易協会）を設立し、その機関誌『貿易』（当初は『貿易協会雑誌』）が発行された。この洋行で学び、考えたことを同業者に演述したが、その大意を記したものが前述の『貿易意見書』である。渋沢栄一の序文、中村正直の題字を付して帰国翌年に刊行されている。その十数年後、不平等条約の改正、外国人の内地雑居を前にして、民間で改正条約実施内地雑居準備会が作られ、一八九八（同三一）年に月刊『内地雑居準備会雑誌』が刊行されたが、同年中にわずか五号で終刊となった。喜八郎が喜寿を迎える前年の一九一二（同四五）年、喜八郎を慕う大倉系企業関係者および部下などが鶴友会（当初は葵会）を結成し、『鶴友会々報』をやや不定期の年刊誌として刊行し、同誌は後に『鶴友』、さらに『鶴の友』と改称されている。

四　本書の特徴

本書には、壮年時代から死去の寸前までの四〇年余という長い期間にかけて、また大倉学校の生徒・卒業生、全国の青年、同業者、および国民に対してという広い範囲にわたって、喜八郎の語りが収められている。その語りの時期と場所が明確にされているため、語る言葉の変化と関心事の推移等も知ることができる。たとえば喜八郎が独特の意味をこめた「進一層」という言葉は徐々に形成されていったものであり、借金批判が国家政策、社会風潮にまで拡大されるのは一九二〇年代になってからである。類書ともいうべき喜八郎の口述書が、七五歳のときに『致富の鍵』、八〇歳のときに『努力』として刊行されているが、これらは喜八郎の語ったことを一纏《ひとまと》めに収めているため、本書のような利点はない。ちなみにこの両書の復刻版は東京経済大学より刊行され、『致富の鍵』は日本経済評論社より発売されている。また本書で言及されている生徒・卒業生への語りや、八〇歳頃以降のものも類書にはない。

元の文書にはない九五八もの本文注と多くのルビが付され、広く一般読者に読まれることに配慮し、読みやすく理解しやすいものになっていることも本書の特徴である。

凡例と文書の出典

Ⅰ　凡例

本書の編纂に当たっては、広く一般読者に読まれることを考慮し、次の諸点を基準とした。

一　基本

原文を尊重することを基本とするが、原文発表当時と現在との文章表記等の懸隔の大きさを考慮し、基本的に現代のそれに改めている。又、明らかな誤植・誤記・脱落については、訂正を行っているが、漢字及びルビの当て字はそのままとした。平易にするため、原文の漢字を仮名に直した場合があるが、仮名は漢字に直してはいない。

二　段落

（1）一段落が長すぎる場合は、適宜、数段落に分け、短すぎる場合は、数段落を一段落に組み変えた場合がある。

（2）原文と異なる場合があっても、段落冒頭の文字は総て一字下げとした。

三　句読点、ルビ

（1）文意を損ねない限りで、適宜、句読点の付加・削除を施した。又、句点を読点に、読点を句点に変えた場合もある。

（2）ルビは、煩雑さを避けるため削除した場合があり、他方、読者の便宜のために新たに加えた箇所、また適宜修正した箇所もある。

四　語句、仮名づかい、送り仮名、傍点・傍線

（1）旧字は新字に、旧仮名づかいは新仮名づかいに、送り仮名は現代のそれに改めた。

（2）各種の傍点・傍線は、煩雑を避けるため削除した。

五　総ての注は、原文にはないが、今回、読者の便宜のために新たに付した。

六　今日から見て差別的と思われる表現もあることが懸念されるが、歴史的文書としてそのままとした。

Ⅱ　文書の出所

一　『大倉商業学校演説集』（一九〇二（明治三五）年三月、同校編纂・発行）

二　『鶴彦翁回顧録』（一九四〇（昭和一五）年一〇月、古舘市太郎編纂代表、大倉高等商業学校発行）

三　『創立満十周年紀念号補遺』一九一一（明治四四）年四月、大倉商業学校校友会発行）

四　『大倉高等商業学校同窓会会報（記念式報告書）』（一九二一（大正一〇）年二月、同会発行）

五　『大倉鶴彦翁最後の訓話』（一九二八（昭和三）年一二月、大倉粂馬刊行）

六　『貿易意見書』（一八八六（明治一九）年四月、大倉喜八郎述、井例堂・山中孝之介発行）

七　『実業世界太平洋』第一巻第四号（一九〇六（明治三九）年一〇月一五日、博文館発行）

八　『大倉商業学校同窓会会報』第二号（一九一一（明治四四）年三月、同会発行）

九　『実業之日本』（実業之日本社発行）　　一〇　『商業界』（同文舘発行）

一一　『貿易』（日本貿易協会発行）　　一二　『内地雑居準備会雑誌』（改正条約内地雑居準備会発行）

一三　『実業界』（同文舘発行）　　一四　『新日本』（冨山房発行）

一五　『鶴友会々報』第三号（一九一七（大正六）年五月、同会発行）

一六　『鶴友』（鶴友会発行）　　一七　『雄弁』（大日本雄弁会講談社発行）

一　大倉学校の学生及び卒業生に告ぐ

60 歳代前半の大倉喜八郎　大倉集古館提供

開校間もない頃の大倉商業学校校舎

1　大倉商業学校生徒に告ぐ

時期は不詳だが、一九〇〇（明治三三）年九月から一九〇二年三月までの間の演説。『大倉商業学校演説集』に掲載

生徒諸君、今日は諸君の御参考になることをお話しするようにと、監督者[(1)]からの御依頼により、いささか自分の卑見《ひけん》[(2)]をお話し致そうと思います。そもそもこの処《ところ》におらるる諸君は、皆、将来有為《ゆうい》[(3)]なる商業家になって、世の中の進歩と共に自個《じこ》[(4)]の技量を進めようという考えで入学されていると思います。つきましては、ただ今から、他日成人の後は各志すところの事業に従事して、日本の商業界に雄飛しようという抱負は必ず持っておるることと考えます。果して然《しか》[(5)]らばその抱負を実行するには、いかにすれば善《よ》いか、これについて経験上から考えている事柄《ことがら》をお話し致します。

1　監督者は、初代督長（校長）の渡邊洪基（わたなべこうき、一八四八〜一九〇一）か、理事（法人責任者）の石黒忠悳（いしぐろただのり、一八四五〜一九四一）のどちらか。
2　卑見は、自分の意見を謙（へりくだ）っていう語。164頁の注15「鄙見を陳ずる」参照。
3　有為は、才能がある、役に立つの意。
4　自個は、自己。
5　然らばは、そうであるなら、そうならの意。

(6)方今《ほうこん》、世の中の人は多く貿易の(7)消長《しょうちょう》を云々《うんぬん》致しますが、そもそも日本貿易の端緒からいいまするると、東洋に西洋の商業家が始めて這入《はい》って来たのは、今からかれこれ四百年以前のことである。これはその前にポルトガル国で、磁石《じしゃく》を発明したものがあった。今日《こんにち》では磁石なぞは誰も知っていることで、何でもないものであるが、その当時は非常な発明でした。そこで、(8)個様《かよう》なものが出来た以上は、西も東も分からない所へ行っても方角の取り損《そこな》いはない、誠《まこと》に旨《うま》い考えだ、試みにこれを船舶に応用して、冒険事業をやってみようというので、ある利発なポルトガル人が、この磁石を帆前船に据え付けて、始めて遠洋航海を試みたところが、それが甚《はなは》だ成功して、その結果、その前から(9)何人《なんぴと》にも知れなかった所の、アフリカの南端なる喜望峰を回ることが出来て、始めて東洋へ商売を開く順序になって参りました。

さて、東洋へ貿易を開いてみると、こちらはインド、(10)支那《しな》を始め、昔から開けた国柄《くにがら》で、案外に発達していたので、非常に珍貴なものと交換することが出来て、その頃の東洋貿易に従事する者の利益というものは、実に驚くべき金額であった。ポルトガル国はそれがた

6　方今は、ちょうど今の意。現在。62頁の注170「当今」と同意。
7　消長は、勢いが盛んになったり衰えたりすること。
8　個様は、ここでは当て字が使われているが、斯様であり、この様、こんな風の意。
9　何人には、誰にでもの意。
10　支那は、第二次大戦前に中国を指す言葉として一般に使用された。

めに非常な利益を得て、ある歴史家などは、同国の富強を来《きた》したのは実に東洋貿易の結果であるというておる。

そこで隣りのスペインという国も、ポルトガルの故智《こち》(11)を学んで、大《おお》いに東洋へ手を拡げようという考えを起こして、新たに軍艦やら、又は運搬用の帆前船やらを沢山《たくさん》建造して、盛んに東洋貿易を奨励した。そうすると案の定《じょう》、非常に儲《もう》かる。(12)啻《ただ》に儲かるばかりではない。東洋貿易に付随した植民政略抔《など》も大いに成功して、益々《ますます》(13)属国が殖《ふ》える。今の南洋諸島、殊《こと》に(14)フィリピン群島の如き、皆この時代にスペインの領地になった。その当時のスペインの国勢は実に盛んなもので、その海軍は全欧州を圧服しておったのです。

それがちょうど日本で織田信長や(15)豊太閤《ほうたいこう》なぞが盛んな頃で、その頃、スペインの軍艦は(16)幾らも我が国へ来航した。又宣教師も沢山来ていて、なかなか人民の信用を得ておった。その証拠には、我が九州辺《あた》りでは宣教師のことを「キリシタン、バテレン」というておった。この「バテレン」という言葉は、スペイン語で「おとっさん」という語の訛《なま》った

11　故智は、昔の知恵のこと。
12　啻には、単にの意で、以下の語を打ち消す時に使われる。
13　属国は、他の国の支配下にある国。独立していない国。
14　フィリピンは、一五二九年にスペイン領となる。
15　豊太閤は、豊臣秀吉（一五三七〜一五九八）のことで、織田信長（一五三四〜八二）の天下統一の事業を引き継ぎ、それを成し遂げた。54頁参照。
16　幾らは、ここでは、沢山の意。

のだそうだ。かく[17]「おとっさん」とまでいうくらいに信用して懐《なつ》いていたくらいだから、軍事上のことなども教えられたことが多かろうと思われる。

かようなる有様《ありさま》[18]で、その頃、東洋貿易植民政策は欧州先進国の一般に喜ぶところとなって、この二国に次いで東洋に出て来たのがオランダです。これは察するにオランダ人の考えでは、これはどうもポルトガル、スペインは旨《うま》いことをしている、オランダでも東洋へ一つ船を出して商売をしてみなければならぬというので、遅れ馳《ば》せながら気が付いたらしく、これがなかなかえらい勢いをもって、東洋へ商売を始めた。

今、日本領地になっている台湾[19]などは、その時分にはオランダの領地でありました。その外、「ジャバ」[20]「ボルネオ」、それから大国でただ今はイギリスの版図《はんと》[21]となっているオーストラリア[22]の如き、皆オランダの属国で、豪州はその頃、新オランダというたくらいなのです。かくの如くしてヨーロッパ人が、だんだんと我が日本の長崎へ来て交易をするようになった。そこでオランダは貿易の中心点を「ジャバ」に設けて、支那はもちろ

17　かくは、斯くで、このようにの意。
18　有様は、外から見ての全体的な様子。
19　台湾…オランダの領地は、期間は一六二四～六二年、日本の領有は一八九五年からである。
20　ジャバは、ジャワ島のこと。現代のインドネシアの政治・経済の中心となる島。
21　版図は、領土のこと。
22　オーストラリア（豪州）へ最初に上陸したヨーロッパ人はオランダ人であったが、入植はしていない。

ん、東洋の諸国へ非常に手を拡げて商売を始めたのです。すると大変に利益がある。当時のオランダの勢力というものは、なかなか侮《あなど》りがたいものであったそうだ。

さてこの時代にイギリスも、そろそろインドへ手を付け始めた。彼《か》の有名な[23]インド貿易会社の設立されたのは同じ時代である。かくスペイン、ポルトガル、オランダなどが東洋へ広く商売を始めたために、それ等の国々の繁昌《はんじょう》は実に非常なものになって来たので、どうも東洋に手を伸ばすに限るという考えをもって、今度はイギリスが脱兎《だっと》の勢いで、東洋へ商売を開始した。するとオランダが優先権を握って、ずっと手を回しておりますから、どうも邪魔になって[24]仕様がない。

そこでたびたび外交上の[25]紛議を起こして、ついに[26]干戈《かんか》に訴うることになって、イギリス、オランダは数年間戦争を続けたが、オランダは海上の戦争に失敗を招いたため、東洋各地の貿易は蹂躪《じゅうりん》され、遠洋航海の区域は横領されてしまった。これに反して英国は[27]旭日《きょくじつ》の勢いで盛んに手を伸ばした。即ちインド一円は申すに及ばず、「[28]ビルマ」「サイ

23　インド貿易会社は、英国の勅許会社の東インド会社のことで、アジア貿易の独占権が認められた。設立は一六〇〇年。
24　仕様がないは、已（や）むを得ないの意。
25　紛議は、もつれて纏（まと）まらない議論のこと。
26　干戈に訴うるは、干（たて）と戈（ほこ）は武器なので、武力に訴えること。
27　旭日の勢いは、昇る朝日のように、盛んな勢いのこと。旭日昇天の勢い。
28　ビルマは、現在のミャンマー、サイアム（シャム、暹羅）は現在のタイ。

アム」へ、支那沿岸の要地に至るまで、皆イギリスの商売地となってしまったのです。そこで日本も開港以来、一番商売の取引を沢山《たくさん》した国はイギリスであります。こういうように、英国が東洋へ手を拡げた結果として、今日世界第一の富強になっております。

今日までこういう次第で、だんだん欧州諸国は何れ《いず》も東洋政略ということに全力を注いで来た。つまり強国仲間が、ヨーロッパ大陸で互いに雌雄を争ったところが、骨ばかり折れて実入《みい》りが少ない、それよりは(29)なるたけ弱いものを相手にするに限る。ついては東洋の国々へ行って商売を始めた方が割合がよい。東洋貿易は決して(30)等閑《とうかん》に付してはおけない、益々《ますます》手を拡げねばならぬというのが、目下ヨーロッパ諸国の(31)国是《こくぜ》となって来た。そこでドイツ国は非常な熱心で、彼《か》の(32)日清の紛議を利用して、首尾よく(33)膠州湾《こうしゅうわん》を占領してしまい、これを(34)関門にして頻《しき》りに支那の内地に進入する手段を取っておる。

今まではあまり東洋へ手を出したことのないドイツにしてこの通りであるから、まして

29 なるたけは、出来るだけの意。成丈。
30 等閑は、なおざり、放っておくこと。
31 国是は、国家としての政治上の方針。
32 日清の紛議は、日清戦争（一八九四〜九五）のこと。
33 膠州湾は、山東半島の南側の湾で、ドイツが一八九八年に租借地とした。租借地とは、条約によって一定期間、実質的な統治権を持って借りた土地。195頁参照。
34 関門は、目的達成のために突破しなければならない難所のこと。

ロシアは商略と軍略と両方かけ持ちにして、欧亜縦貫鉄道[35]をウラジオストックまで延長し、又一方は東清鉄道をもって満洲[36]を横断し、旅順、大連湾（ダルニー）等までも延長した。かく北アジアの要地へ門戸を開き、この門戸より東洋貿易の発達を計ると同時に、軍事上の便利も計るというがロシアの方針であります。

それからフランスもサイゴン[37]はいうまでもなく、東京[38]《とんきん》、安南《あんなん》にかけて手を拡げている。これを見て、これまで東半球から高見の見物であった北米合衆国も、大いに政略を改めて来た。それはもと「モンロー」[39]主義といって自分の現在の国の外へは領地を広げぬ方針であったのが、方今《ほうこん》はアメリカとても最早《もはや》国内の開発ばかりに努めている時機ではない、「モンロー」主義をもう一歩進めて、領地を広め、大いなる資本の力によって東洋へ商売の区域を拡げなくてはいかぬというので、まず第一着[40]にハワイ[41]を属地にしてしまい、そ

35　欧亜縦貫鉄道は、一九〇一年にチェリャビンスク・ウラジオストック間の鉄道が開通してモスクワとつながり、一九〇三年に東清鉄道が完工して、その中のハルピンから旅順、大連までの鉄道も作られた。
36　満洲は、現在の中国東北部。
37　サイゴンは、現在のベトナム南部のホーチミン市。
38　東京は、フランス統治時代のベトナムの北部で、中心はハノイ。安南は、北部から中部を指す地域名称。179頁参照。
39　モンロー主義は、アメリカ合衆国第五代大統領ジェームズ・モンロー（一七五八〜一八三一）が唱えた、欧米両大陸間の相互不干渉という外交政策。
40　第一着は、最初、第一番の意。
41　ハワイは、一八九八年、アメリカに併合された。

れから「マニラ」[42]と戦争までして、南洋へ領分を拡げた。これは皆、商業地を広げるためなのであります。

かくの如く世界の各方面から皆、この東洋へ商売の鋒先《ほこさき》[43]が向かって来るのである。これが今日実際の有様で、東洋諸国はあたかも各国で目指《めざ》す的《まと》になっているような形状である。こう考えて見ると、東洋に生まれている御同様《ごどうよう》[44]は、一日も安閑[45]として暮らしておられぬ、どうしても吾々はこれに応ずる覚悟をしなければならぬ。その覚悟はどうすれば宜《よ》いかというに、商売のために向こうから進撃して来るのでありますから、これに対立すると同時に、こちらからも一歩踏み出し、非常の勇気をもって秩序的に平和の戦争をせねばならぬ。

そこで商売上に戦争をするとなると、第一着に必要を感ずるのは、外国語の研究です。外国人と相対《あい》して取引を始めるのに、言葉が通じませんければ到底《とうてい》何事も為《な》すことが出来ない。今日《こんにち》のところでは東洋の商売には英語が出来ればまず間に合います。それ故我が商

42 マニラは、ここではフィリピンのことで、一八九八年、アメリカ・スペイン戦争でアメリカ領となる。
43 鋒先は、鋒は矛・鉾（ほこ）と同じで、両刃（もろは）の剣に柄（つか）をつけた武器で、その切っ先。攻撃の方向。132頁の注162「鎗先の功名を争う」参照。
44 御同様は、ここでは、同じ立場、境遇にいる者のこと。
45 安閑は、危急に際して、のんきに何もしないでいるさま。

業学校には、尤《もっと》[46]も注意して英語科の施設があるのです。皆さんはこのことは特に脳裡《のうり》[47]に刻んで、商売の掛《かけ》引《ひ》[48]きを助ける最も肝心[49]な道具であるところの語学と、また英文を書くことも能《よ》く覚えて、外人との通信は総て自分でせねばならぬ。横文《おうぶん》[50]の新聞紙くらいは容易《たやす》く読めなければいかぬ、ということに注意して、英語英文を学ばねばなりませぬ。それから東洋へ来て商売している欧米商人[51]の手代《てだい》[52]となって実地の経験を積むことも一の手段で、立身の基礎となります。これまでの商館[53]番頭にはとかく無教育のものが多いが、あれではいかぬ。教育を受けた上で実地の経験をつめば、それこそ立派な商売上の戦争の将校となられます。

かくの如く英語英文も立派に出来るとしたところが、更にまた平常の覚悟というものがしっかりしていなければ、世界の商業舞台へ出ても役に立ちませぬ。然《しか》らばいかにすればこの覚悟を成し得らるるかというと、これには四つの要点がある。これを守る人々が勝利

46　尤もは、ここでは、極めての意。
47　脳裡は、頭の中のこと。脳裏。
48　掛引きは、駆け引き、懸け引きで、交渉で自分に有利になるように処理すること。
49　肝心は、とりわけ大切であること。129頁の注147「肝要」と同意。
50　横文は、欧米諸国の言語の横書きの文のこと。横文字。
51　商人は、当時は商業従業者だけでなく、広く経済活動全般に携わる人も含めていわれた。
52　手代は、ここでは、使用人のこと。86頁の注256「手代」参照。
53　商館は、横浜等にある外国商館のこと。94頁参照。

者となり、守らぬ人は敗北者となるのです。つまり商人の成功と失敗の分かれ目は、実にこの四ケ条を守ると守らぬとにあるのだと信じます。

さて四ケ条とは何であるかと申しまするに、第一に、正直でなければならぬということである。正直は実に商売の資本であるという観念を忘れてはならぬ。もちろん商売を始めるには、資本は必要だ。[54]然《しか》れども金銀の貨幣ばかりが資本ではない。[55]仮令《たとい》金がなくとも、正直であれば、他人の資本で取引が自由に出来るもので、人も安心して財産の管理をまかせる。殊《こと》に外人との取引にはこれが[56]眼目《がんもく》であるのだ。

第二には、進取の観念というを頭脳に注入することが最も必要だ。今述べた東洋交易の起源の歴史を見ても、総て西洋人は進取の気象より成功したのだということがわかる。残念ながら今日の日本商人は、この気象に富んでいる人が至《いた》って少ない。故にこの気象を養成して事業に当たらなければならぬということである。

第三には、義務を果たす根性《こんじょう》が強くなければならぬ。ここでいう義務とは、法律上の義務ではない、もっと広い意味の義務で、[57]徳義の制裁に対する義務までをも含んでいるの

54 然れどもは、しかしながらの意。45頁の注92「然るに」と同意。
55 仮令は、もし、仮にの意。41頁の注75「縦令」参照。
56 眼目は、大切な点、主要な目的のこと。
57 徳義は、人として守るべき道徳上の義務。

である。商人は実に、この義務を尽くすことを忘れてはならぬ。一言《いちごん》約束したならば、印紙(58)を貼《は》った証書よりも確かに、これを果たすという言葉の名誉を重んずる観念が大切である。雇《やと》い人が主人から仕事を吩《い》い付かった場合に、宜《よろ》しう御座《ござ》います、この仕事は私がきっと引き受けました、御安心なさいというた以上は、一身の利害に構わず飽《あ》くまでやってのける、こういう気骨《きこつ》(59)がなくてはならぬ。又好《よ》し主人の吩い付けなればとて、見込みが立たぬものならば、断然断わってしまうのが宜しい。愚頭愚頭《ぐずぐず》に引き受けて、愚頭愚頭に終るなどは、主人の尤《もっと》も迷惑とするところである。

いったん引き受けた以上は、きっとその義務を果たすという覚悟をしなければならぬ。これが即ち人の信用を造る基《もと》であります。商売をするにはこの義務を果たす覚悟が信用になって、初めてその仕事が成就《じょうじゅ》するのである。例《たと》えていうと、この学校で講師なり、又監督なりになった人が、宜しうございます、学校のことは自分がきっと引き受けますといった以上は、どこまでもあるだけの堅固《けんご》な覚悟がなければならぬ。又生徒もその通りで、商業学校へ這入《はい》りまして、きっと勉強しまするとと父兄に誓って入学した以上は、何処《どこ》までも勉強して、卒業の後はきっと立派な人間に成るというように、義務を果たす覚悟さえあれ

58　印紙は、納付したことを証明する法定の紙片。
59　気骨は、信念を曲げず、いかなる障害にも屈服しない意気、気性のこと。

ば、きっと事は成功するに相違ないのである。

商売というものは資本がなければ出来ないと、事もなく[60]いうてのける人があるが、私は商売の資本とはそんな単調な意味でないと思います。一口に資本というたとて、ただ金ばかりを意味するものではない。正直で義務を果たす根性が強ければ、自然に人も信用して商売が出来るようになる。元来資本家の身になってみると、商売というものは、一人の力で出来るものでない。何《いず》れにしても多数の人の力に頼らねばならぬ。ところがとかく世の中には正直で義務を重んずる人に乏しい。相当の資本を投じて、ある商売をしようと思っても、安心して依託する[61]だけの人物が少ない。

今日《こんにち》、我国では頻《しき》りに財政困難ということをいい立てるが、国家の財政は別問題として個人には相当の資本家があって、頻《しき》りに事業を興そうとしている。とにかく義務を果たす人物ならば、資本を投じて仕事をさせてみようという資本家はいくらもあると信じます。であるから、商人にとっては義務を果たすということが、なかなか大切なことであります。前に申した西洋人が東洋へ商売を始めるときも、本人自身が来て従事するものは甚だ稀《まれ》で、多くはその組合[62]の主人、あるいは手代が重き責任をもって本国の資本家へその義務を果

60 事もなくは、何事もないように平然としているさま。
61 依託するは、頼んでやって貰う、また、任せること。委託。
62 組合は、この場合、同業者の団体のことか。

たした結果、成功したのである。

それから第四は、辛抱《しんぼう》、即ち忍耐ということである。商人は実にこの辛抱、即ち忍耐がなくてはならぬ。人間世界というものは、誠に気に食わないことばかり多いもので、殊《こと》に商売には苦痛、困難ということが始終ついて回る。そのところをじっと辛抱していなければならぬ。いかなる苦痛の襲撃でも、じっと耐えてやり通せば、いつの間にか成功が我《われ》を迎えるようになる、商人にとっては実に大切な事柄である。

少々お噺《はな》しが(63)枝葉《しよう》に亘《わた》るが、この辛抱ということについて、ちょっと御話《おはなし》致したい。ある心理学者がこういうことをいうた。総て動物の神経の感触というものは非常に鋭敏なもので、不快もしくは痛苦の(64)刺撃《しげき》を受けた時にはたちまち(65)忿怒《ふんぬ》する。この忿怒することは、人間も獣《けもの》も鳥も虫も(66)一様で、少しも異なったことがない。それで人類以外の動物は、忿怒したときは猶予《ゆうよ》もなく噛《か》み合ったり食い合ったりして、頗《すこぶ》る残酷なことをする。人類なればとて忿怒したときには怒りに任《まか》せて、掴《つか》み合ったり食い合ったりして、獣や鳥と五十歩百歩の間に(67)彷徨《ほうこう》する輩《やから》もある。

63　枝葉に亘るは、主要でないものに及ぶ、些細な話になるの意。
64　刺撃は、刺激。
65　忿怒は、憤（いきどお）ること。
66　一様は、同様の意。
67　彷徨は、目当てもなく歩き回ること。

ただ不思議なことは、人類には忿怒の脳味噌の隣に分別《ふんべつ》の脳味噌が区別されている。いやだと思うとすぐ腹が立つ。しかし、待て待てこの場合には注意すべしだ、このところで怒ってはいかぬというように、分別の脳味噌というものがある。つまりこの脳味噌が沢山《たくさん》あるものが辛抱強いので、分別の脳味噌の少ないものは獣類と同じことで、とても論ずるに足らない。そこで皆さんもこの理屈の支配は免かれない。必ず苦痛を感ずるや、たちまち激するであろうが、ここが分別の脳味噌の働きをして貰うところで、直《じき》に分別を定めて忍耐力が押し通さねばならぬ。これが獣類、鳥類より立ち優《まさ》ったところで、人間の人間たるところであるから、忍耐ということは何《いず》れの点からいうても、人間のやり通さねばならぬことであります。西洋人が気候の違った熱帯地方に住居を遷《うつ》し、言語も通ぜず不愉快な遠国《えんごく》に商業を営むなどは、なかなか一方《ひとかた》ならぬ[68]辛抱である。

以上述べた通り、正直にすること、義務を果たす覚悟、進取の気象、辛抱乃《すなわ》ち忍耐の四つの条件を励行するほどの勇気あるものならば、これでもう充分往《い》けるのです。この四ケ条は、商人としては片時も忘れてはならぬのである。皆さんはこれを将来の守り本尊《ほんぞん》[69]として、能《よ》く脳裡《のうり》に印して学校の課程[70]に従事なさるることを、呉々《くれぐれ》も切望致します。そこ

68 一方ならぬは、一通りでない、並々ならないの意。
69 守り本尊は、身の守りとして信仰する仏のこと。転じて信条とすること。
70 課程は、学習の順序や内容のこと。

で皆さんが学校を卒業した暁《あかつき》には、愈々《いよいよ》世の中に出て、[71]何《と》まれ自己の志ざす商業に従事して、商業上の学問を今度は実地に応用して、だんだん経験を重ねて行くという場合になるのであるが、その初めの業《ぎょう》を選《えら》ぶことについて、私は皆さんに一言《いちごん》しておこうと思うことがある。

能《よ》く世間の人のいうことであるが、何《なに》商売は尊いとか、何商売は賤《いや》しいとかいって、とかくの[72]詮議《せんぎ》立てをしたがるものであるが、これは大きな間違いです。あれは職人のすることだから恥かしい、あんな[73]小売をする商売人は詰《つま》らないなどと、一口に世間に卑しんでおりまする商売が、かえって実際になってみると[74]妙味《みょうみ》のあるもので、[75]縦令《たとい》襤褸《ぼろ》とか[76]鳥の糞とかを売るような商売でも、大きくやればやはり立派に輸出入の生産力を発達させることが出来るのです。チリという国では、鳥の糞が国家的事業になっている。故にいかなる商売と雖《いえど》も家業となった以上は、決して尊卑などのあるべきはずのものではないということに注意して、銘々《めいめい》の力相当なる商売に有りついたならば、[77]専心一意その商売

71　何まれは、ともあれの詰まった言い方で、いろいろ事情があるにしても、とにかくの意。
72　詮議立ては、取り調べること。物事を明らかにすること。この場合は、あれこれといいたてること。
73　小売は、卸売から買入れた物品を消費者に売ること。
74　妙味のあるは、言うに言われない、いい味・趣で、ここでは、利益があるの意。
75　縦令は、もし、仮にの意で、36頁の注55「仮令」と同意。
76　鳥の糞は、ここでは、グアノのことで、リン酸肥料の原料となる。
77　専心一意は、心を一つのことに向けること。114頁の注85「一意専心」と同意。

を発達させることに努むるのが最も必要だろうと思います。

さて最後に、諸君の未来の覚悟ということをお話し致して結論に致そうと思います。最前既に述べた通り、世界各国商業の鋒先《ほこさき》は、専《もっぱ》ら東洋を目掛けているので、実に油断も隙《すき》もあったものでない。故に御同様に東洋に生まれて商業に従事して行くものは、注意の上にも注意を加えて、慎重な態度と非常な勇気をもってこれに拮抗《きっこう》(78)して行かねばならぬ。商業上の学問、外国語、外国文というような一般の知識を得て、だんだん実地の経験を積んで行ったならば、今日《こんにち》は何人《なんぴと》も認めている如く、何も日本でばかり商売しなければならぬというわけではない。

支那、朝鮮は(79)愚かなこと、南洋諸島もよし、インド、「サイアム」もよし、あるいは欧米各国到る所、何処《どこ》へ行っても商売は出来る。骨を埋むるは父母の墓の側《そば》ばかりでない、(80)人間到処有青山《にんげんいたるところせいざんあり》だ。我が国未来の商業家をもって任ずる諸君は、なるたけ世界的の商売ということに心掛けねばなりません。そこで繰り返して言っておきますが、こういう抱負をもって進んで行く以上は、守り本尊の四ケ条は、きっと(81)服膺《ふくよう》して忘れてはならない。

78 拮抗は、互角に張り合うこと。
79 愚かなことは、ここでは、言うまでもないの意。
80 人間到処有青山は、どこで死のうが骨を埋める所はある、どこで死んでもいいという気概で活躍するの意。「にんげん」は「じんかん」とも読む。146頁の注236参照。
81 服膺は、心に留めておくこと。

卒業の後は、天晴有為《あっぱれゆうい》の商人となって下されたらば、啻《ただ》に諸君の幸福ばかりでなく、この大倉商業学校の大《おお》いなる名誉でございます。

2　商業学校卒業生に告ぐ

大倉商業学校夜学専修科第一回卒業式（一九〇三（明治三六）年三月一日）の訓話
『実業世界太平洋』第一巻第四号に掲載

諸君、今日《きょう》はこの大倉商業学校夜学科の第一回卒業式で御座《ござ》います。で、諸君の喜ばれると共に、又創立者たる私の喜びは一層で御座います。この目出度《めでた》い今日に際しまして、私がこの学校を設立するまでに至った事柄を、一言《ひとこと》簡単に申し述べたいと思います。見渡しますると、諸君の中には御両親が御健在であって、親子共に幸福な日月《にちげつ》を送らる御方《おかた》もあるだろうと思う。誠に羨《うらや》ましいと思います。私は不幸にして早く父母を失いました。今より顧《かえり》みると、(82)十七歳の時に父を失い、翌年十八歳の時に母を失いました。二個《か》年続いて父母を失ったので、誠に心細う御座いました。それで十八歳の折、住み馴れました生まれ故郷の(83)越後国新発田《えちごのくにしばた》という処《ところ》を離れて(84)東京へ出ました。その折はまだ東京では御座いませぬ。江戸と申しまして幕府の(85)政事《せいじ》乱れたりとはいいながら、なかなか厳

82　十七歳は数え年で、満十五歳で父（四代目大倉定七）が死去。
83　越後国新発田は、北蒲原郡（きたかんばらぐん）新発田町（現在の新潟県新発田市）のこと。
84　東京、当時の江戸に出たのは、大倉が満十七歳の時、一八五四（安政元）年十月頃である。
85　政事は、政治。

重なものであった。今日の如き西洋造りの学校などは思いも寄りませぬ。日本中に西洋造りというものが一つもなかった。又電信、電話、鉄道、あるいは郵便などというようなものは夢にも知らず、総てのことが旧世界で御座いました。

ただ吾々商業家として恐ろしいものは何かというと、武士という者であって、長い刀を二本、腰に差して市中に充満しておった。そうして吾々商売人はいわゆる町人というて、社会の最も下層に卑《いや》しめられておったので御座います。それで商人の教育は何かというと、まず(86)塵劫記《じんこうき》に(87)八算見一《はっさんけんいち》、それから(88)処世の道は(89)庭訓往来《ていきんおうらい》、(90)源平藤橘《げんぺいとうきつ》、やや上へ行って(91)大学、中庸《ちゅうよう》、論語、孟子、このくらいのものより外《ほか》に商工業の社会では習うものが御座いませぬ。(92)然《しか》るに今日《こんにち》は教える場所が幾らも出来ておりまして、その学校について諸君が御学びなさるということは、吾々の若い時から見ますると実に非常に幸福なことであろうと思われます。

今申しました私が十八歳の時にはちょうどいわゆる田舎者の、ぽっと出で、西も東も分

86　塵劫記は、江戸初期の和算家、吉田光由（よしだ　みつよし　一五九八～一六七二）が一六二七年に著した数学入門書。
87　八算見一は、ソロバンでの割り算で、掛け算九九に対して、徐数が一桁の割り算九九を八算、二桁の割り算九九を見一という。
88　処世の道は、この世の中で生きて行くこと。世渡り。255頁の注398「処生陣」参照。
89　庭訓往来は、往復手紙形式で習字や読本として使用された寺子屋での教科書。
90　源平藤橘は、源・平・藤原・橘の四名族で、ここでは、その歴史書。
91　大学、中庸、論語、孟子は、中国の古典、儒教の教科書で「四書」と呼ばれる。
92　然るには、ところが、それなのにの意。36頁の注54「然れども」と同意。

からない所へ出て来て、奉公いたして稍々《しょうしょう》[93]商売の道を覚えるというようなことで御座います。その中《うち》に御一新《ごいっしん》[94]ということになりかかって来ました。どうもその間は天下乱れて麻の如し[95]という有様でございます。私はその折に銃砲、弾薬を売っておりまして、一身上は最も危険でございました。今日《きょう》は満足に生活しているが、明日《あす》は命がなくなるか首が飛ぶかどうだか知れない、そういう危険が長い間続きました。皆さんは今日斯様《こんにちかよう》な有り難い世の中になっておりますから、思いも寄らぬように御考えでございましょうが、その時代はただ今申す如く、なかなか枕を高くして寝ることは出来なかったのであります。それで、その時分はまだ火縄で鉄砲を撃った、忠臣蔵の芝居で勘平《かんぺい》[96]が持って出る火縄の鉄砲と同じいのです。それがだんだん進んで火縄で撃つにも及ばなくなった。

そうして銃砲、弾薬は横浜の外国人と取引を致しました。言葉も分からなければ文字も存じませぬ[97]。しかしながら已《や》むを得ぬから商売を致しました。今日《こんにち》から見るとどれほど不利益、不自由、困難を感じたか知れぬので御座います。もしその時代に横文字が分かったり、言葉が能《よ》く達しておりましたらば、なかなか後れを取らなかったろうと思います。

93 稍々は、少々と同意。
94 御一新は、明治維新のこと。93頁の注3「御維新」参照。
95 天下乱れて麻の如しは、世の中の状態が、麻糸がもつれるように、ひどく乱れているさま。
96 勘平は、歌舞伎の仮名手本忠臣蔵の早野勘平のことで、赤穂浪士萱野三平（かやのさんぺい）に擬した人物。
97 存じませぬは、知っていない、知識がない、承知していないの意。

実に困難を致したという記憶がありますので、商人としては外国の言葉が必要である、又外国の文字を読むことが必要であるということを感じております。皆さんは英語英文を御学びになったろうと思いますから、誠に喜ばしいと存じます。

それで維新前は(98)左様《さよう》な有様でございましたが、有り難いことに(99)王政復古ということになりました後は、総て旧時代のことは打破して文明諸国の規則に則《のっと》って世の中を経営して行く、こうなりましたために、いわゆる武士という者が戦争をする常識であったが、それを廃《や》めて一般の人民から兵士を採《と》るという(100)徴兵令というものが下《お》りました。それと同時に(101)武門のことばかりが西洋風ではいけない、経済のことも西洋風にならなければいかぬということの考えが、その時の政府にも御座いまして、少々ずつ着手の模様に見えましたが、しかし著しくなかった。

この折に私は海軍と陸軍が西洋風になる以上は、商売の道もどうしても西洋風にならなければ到底いかぬと考えましたために、ただ今より三十二年前に(102)欧米諸国を漫遊いたし

98　左様は、そんなようなの意。
99　王政復古は、一八六八年一月三日（慶応三年十二月九日）、明治天皇の名による江戸幕府の廃絶、天皇親政の宣言。
100　徴兵令は、一八七三（明治六）年に陸軍省から発布。
101　武門は、ここでは、軍事の意。
102　欧米諸国を漫遊は、明治五（一八七二）年七月四日、大倉は欧米視察に出て、翌年八月に帰国した。73～76頁参照。

ました。帰って来てみると、案の如く追々《おいおい》[103]に西洋風に仕事が行く。その折に成り立ちました文明の仕事には、たいてい私の関係しないことはなかったので御座います。それから[104]明治六年頃になって、経済界には銀行というものがなければならぬ、[105]融通を助けるには銀行の組織でやらなければならぬというために、政府が率先《そっせん》して銀行も出来ました。それから続いて郵便のこと、鉄道のこと、総て必要な事柄が追々に出来て来たので御座います。さりながらこれは[106]一朝一夕《いっちょういっせき》のことではない、ちょうど四十年かかっております。[107]なれども四十年もかかってやった仕事を、今日他の国と比較してみると、まだまだ遠く及びませぬ。残念ながらまだ甚だ微弱で御座います。

それでこの商業を進めまするには、何が必要であるかということを考えまするると、その根本たる人間を造るのが最も必要であろうと思う。何処《どこ》の国を見ても、[108]近来《きんらい》はこの商業の教育が盛んになっておりまする。で、商業教育を盛んにして人間を造り、商売を発達させる、これが今日《こんにち》最も必要なることと感じております。そういう考えが御座いましたため

103 追々には、だんだんとの意。
104 明治六年頃…は、明治五年に国立銀行条例が発布され、翌年、最初に第一国立銀行が設立されたことを指す。
105 融通は、お金を都合すること。
106 一朝一夕は、一日や二日、わずかな時日のこと。173頁の注71「一朝夕」、211頁の注217「一朝」と同意。
107 なれどもは、けれどもの意。
108 近来は、最近の意。

に、明治(109)三十一年一月の二日と思っておりますが、自分の考えました抱負を(110)石黒男爵に御相談いたしたので御座います。(111)然《しか》るところが男爵は大いにこれを賛成いたされまして、至極《しごく》良い考えであるから貴様がそれだけの奮発《ふんぱつ》をするならば、学校設立の準備その他のことについては応分の助力をしようと快諾を与えられましたので、私も大きに喜びました。

それから同年の十一月に(112)学校の創立その他の準備が整頓いたしました。それで石黒男爵、(113)渋沢男爵、(114)末松男爵、(115)穂積博士、その他(116)高島小金治、(117)大倉粂馬、これ等《ら》の諸君を協議員に御願い致しまして、始めてこの学校が設立いたされました。今日諸君の卒業さ

109　石黒に相談した日は、『大倉鶴彦翁』所収の石黒の回顧談によれば、一月四日となっている。
110　石黒男爵は、石黒忠悳（いしぐろただのり、一八四五〜一九四一）。当時軍医総監を辞したばかりで、大倉の学校創立の意思を聞き、以後全面的に協力した。まず一八九八（明治三一）年一月に学校創立協議員となり、五月に「設立趣意書」を公表、十二月に理事に就任した。理事は一人のみで、現在の理事長に当たる。66、72〜73、76〜77頁参照。
111　然るところがは、そうするとの意。
112　一八九八年十一月十五日に文部省令により東京府に財団設立申請書を提出、二四日に認可。
113　渋沢男爵は、渋沢栄一（一八四〇〜一九三一）で、学校創立発起人で協議員、近代日本経済の生みの親と称せられた実業家。78、211頁参照。
114　末松男爵は、末松謙澄（すえまつけんちょう、一八五五〜一九二〇）で、ジャーナリスト・官僚・政治家で、逓信大臣、内務大臣等を歴任。
115　穂積博士は、穂積陳重（ほづみのぶしげ、一八五六〜一九二六）で、帝国大学教授で明治民法草案に参画し、大倉商業学校の寄附行為を作る。
116　高島小金治（一八四六〜一九二二）は、大倉の娘婿で大倉組副頭取、日本製靴・日清豆粕製造等の社長。
117　大倉粂馬（一八六六〜一九五四）は、大倉の婿養子で、後に分家し、大倉系企業の経営に当たる。

れることになりましたのも、畢竟《ひっきょう》(118)督長《とくちょう》(119)の石黒男爵閣下の骨折り、その他教員諸君、又学校職員の尽力によって、かくの如き目出度《めでた》い式を行うことになったのであります。これは私に於きましてこの上もない喜びで御座います。

そこで諸君と、このところで御別れを致すにつきまして、民間の商業界に立って幸福を得るには、かようなことが必要ではないかということを私は考えておりますから、老婆(120)心をもって一言《ひとこと》諸君の御記憶に供《そな》えたいと思います。

皆さんは既に商売に就《つ》かれている御方《おかた》もあろう。又これから業《ぎょう》に就く方もありましょう。それでまず大体商売に必要なる学科は大略《たいりゃく》(121)、皆御存じのことと思います。この後は先刻督長の仰せられた通り、学んだところを実地に応用することが最も必要で御座います。私が長い間実験したところより生み出した考えを申しますと、今後の商工業界に立って成功の基《もと》となることがまず大体に四つばかりあるように思います。

それは何かというと、第一に、自主自立の精神が最も必要であろう。人間がこの世の中

118 畢竟は、つまるところ、結局の意。
119 督長は、ほぼ校長に当たり、初代督長の渡邉洪基（わたなべこうき、生年は一八四八年）が一九〇一年九月二四日に死去したので、理事石黒が督長事務取扱、後に督長兼務となる。
120 老婆心は、度を越してあれこれと気をつかうこと。165頁の注18「婆心」参照。
121 大略は、大凡・凡（おおよそ）、大体のところの意。95頁の注11「大凡」参照。

に立って社会に頭角《とうかく》(122)を現そうと致しまするには、自主自立の精神がなければならぬ、別《わ》(123)けて商売人には誠に必要である。自分で働いて自分で食べる、これがもう原則で御座います。もしそれでなかったならば他人に頼るのであるから甚《はなは》だ恥かしいことになります。随《ずい》分《ぶん》世間には口には立派なことを唱《とな》えるけれども、裏から見れば大分違う人が沢山《たくさん》あります。天下国家を諭《さと》しておりながら、米屋に借りがあったり、八百屋、魚屋に払いをしなかったり、甚だしきは家賃を払わないというような人が随分ないとはいえない。こういうことはこの商業者社会には最も慎まなければならぬ。

それから又、明治二十七、八年の戦争後(124)、日本の経済は一時に膨張して、商工業が沢山に起こりました。その結果どうであるかというに、随分人を当てにして拵《こしら》えたものが多い。自分に力がなくて、人に頼って業を起こしたというのが大分《だいぶ》沢山ありまするが、何《いず》れも、半途《はんと》(125)で失敗しております。かくの如きことをする人は何れも薄志弱行(126)で駄目で御座います。どうしても自主自立の精神で商売をやらなければならぬのであります。

122　頭角を現すは、才能が人より優れ、目立って来ること。
123　別けては、特に、取り分けの意。分けて。
124　明治二十七、八年の戦争は、日清戦争を指す。
125　半途は、途中、中途のこと。
126　薄志弱行は、意志が弱く決断力に欠けること。

商人ならばまず働いて(127)些少《さしょう》ずつでも金を取って、その金を貯えて生活の基礎にする、そうしてだんだん大きくなるというような順序が最も必要である。これによって勤倹も必要、貯蓄も必要、いろいろ多くの必要がありましょう。今日《こんにち》世の中に立って、あの人は(128)大層な富豪だ、(129)金満家だといわれる人等も、初めは一銭二銭から貯えて行ったに相違ない。天から降ったのでも何でもない。この貯蓄したものが基《もと》になって、世の中にも幸福を与え、自分も幸福を得ることと思います。で、勤倹貯蓄ということは世間で大層申します。誠に結構であるが、しかしそればかりではいけない。勤倹貯蓄の後に進取ということをどうしても加えて行かなければならぬ。もう今日の世の中はただ勤倹貯蓄ばかりいうて小さくなっていてはいけませぬ。今一歩進んで進取ということをその中に加えて、財産を大いに伸ばすことが国のためにもなれば一個人のためにもなると、こう考えております。

それでこの進取ということを致しますには何が必要かというと、身体《からだ》が壮健でなければなりませぬ、身体が壮健でなければ(130)気根《きこん》が続きませぬ。気根がなければ金も儲《もう》からない、何事も成功しないようになります。身体の壮健な人はいかなる(131)錯雑《さくざつ》な激烈な競争の中に

127 些少は、極めて僅かであること。
128 大層は、甚だしいさま。
129 金満家は、大金持ちのこと。富豪。
130 気根は、物事を飽きずに長くやり続ける気力のこと。根気。
131 錯雑は、物事が複雑に入り組んで混乱しているさま。

も我慢して最後の勝ちを占めることが出来ます。諸君は有望な青年であるから、これから自分の身体を健全にして、そうして仕事に就《つ》いたら何処《どこ》までも辛抱するということを心懸《が》けることが最も必要である。

身体を壮健にすると共に必要なのは、西洋の言葉でクールといいますが、脳を冷たくする、全く物に熱しないように、何か人から談《だん》じられると、直《じき》に熱して涙脆《もろ》くなって利害の考えを忘れるというようなことではどうも成功しないように思う。成功する人の脳は随分冷たいので御座います。冷たい脳で利害得失を割り出して来るから間違いはない。今日《こんにち》世の中に成功した人の成績を見ますと、何《いず》れも利害の別るるところになると余程《よほど》冷たいのである。これが誤らない根本である。故に脳を冷たくしているということが、商売上、最も必要と思います。

それから、第二には、小さき成功ということであります。小さなことについて成功を幾つもして行くということが必要であろうと思います。随分《ずいぶん》世間では政治家になれば大臣である、商人になれば百万の富を得なければ詰《つま》らないといっておりながら、小さなことを[132]忽《ゆるが》せにする人が幾らもある。これは大層な間違いである。そういう人を試《ため》して御覧な

132　忽せは、心を緩（ゆる）めるさま。等閑（なおざり）。疎略。

さい、皆やり損《そこ》なっている。[133]小事《しょうじ》を経営している間に精神を籠《こ》めてやりますれば、人間はその間に[134]自然、工夫も生じます、又経験も積んで来る。御承知の如く豊太閤《ほうたいこう》が草履《ぞうり》取りから天下を掌握した。即ち草履取りをしている時は、それだけのことに専《もっぱ》ら注意を加えて忠実にやった。足軽《あしがる》になった時には足軽の勤めを見事にやった。武士になり、大名になり、一方の大将になり、そのたびごとに[135]細大専一に心を用いて行ったから、ああいう偉い人になった。これと同じことで、小さな成功を積んで行くたびに世の中の信用を得るのであります。豊太閤も草履取りの時に、[136]細事《さいじ》を抛《なげう》っていたならば信長《のぶなが》にも信用されなかったろう。商売もそれと同じことで、小さな事柄でも等閑《とうかん》にしないで、忠実に働いて成功するが宜《よろ》しい。この成功を幾つも積むと大層能《よ》くなる。

それから第三は、外国との関係であります。外国の関係というものは今日では政治の上にも商売の上にも離れることが出来ませぬ。これを離れようとすれば自滅するより外《ほか》に仕方がない、又離すほどの必要はないのであります。外国との商売というものは、日本人には今日最も[137]要用なことであります。国の関係も密着して参り、そのために利益もありま

---

133 小事は、さほど重要でない、ちょっとしたこと。後出の「細事」と同意。
134 自然は、ひとりでにの意。
135 細大専一は、細かいことでも大きいことでもひたすら熱心に行うさま。
136 細事は、ちょっとした事柄のこと。
137 要用は、必要、肝要、重要と同意。

しょう、国の品位も上がり愉快のこともありましょう。しかしこれは表面である。表面は密着し、親睦をして商売を進め、互いに快楽を得るというその裏はどうかというと、その裏は競争です。商売の上にも工業の上にも競争して行かなければならぬ、一歩も負けることは出来ない。先方で安い物を拵《こしら》えれば此方《こちら》でも拵える、良い物を造る、先方の物も買う代りに此方の物も売ってやる、こういうように競争をやらなければならぬ。ただ楽しんでばかりいてはいかぬ。今日《こんにち》ぐずぐずしていると、競争に負けて国が衰える。故に日本の商売人としては、かくの如き考えは最も必要であろうと思う。

この頃日本の輸出入はどれだけあるかということを調べてみると、[138]五億万円である。これをヨーロッパの大きな国と比較してみると、ドイツの如きは日本の十倍、イギリスが十六倍以上、フランスは九倍以上である。ヨーロッパは国も大きいし金持が沢山《たくさん》あり、人民の力が強い。日本で申さば金持は三菱か三井という。ところが三菱や三井を五つも六つも合わせたるものを一人で持っている者が沢山ある。

こういう大きな国と、この小さな日本が、国の交際を総て同等にやって行かなければならぬのは[139]難義なわけであるが、これは仕方がない。[140]日英同盟などということが出来て、

138　五億万円は、五億円のことで、当時はこういう言い方もした。
139　難義は、難儀で、困難、面倒な事柄の意。
140　日英同盟は、日英間の軍事同盟（一九〇二～二三）で、第一次大戦後までの間、日本外交の基盤となった。

権利は同等で交際も同じようにする、しかし貧富は大変に違っている。迷惑千万だがどうしてもやらなければならぬ。ここに至って御同様、国民の働きというものを強めるより外《ほか》に仕方が御座いませぬ。この大層隔《へだ》たりのあるものをにわかに埋めることは出来ないから、追々《おいおい》に埋めて行くには人民が勉強して商業を発達させて、そうして近づくようになったら宜《よ》いだろうと思います。

昨年中、何《なん》や彼《か》や考えが御座いまして、(141)支那地方へも行ってみましたが、皆世界の強国が支那に手を拡げている。これはどういう考えであるかというと、支那の人口は四億万人という、さりながらそれは百年も前の話である。今日《こんにち》は(142)なかなか五億や六億ではない、あるいは七億にもなっておりはせぬか。どうも戸籍の調査が不十分であるから分からないが、まず仮に私はこれを六億と見た。それで支那人一人の頭に一円ずつの品物を売るということは(143)わけはないことである。一箇《か》年一円の品物、一月に八銭三厘、誠に僅かである。それでも六億の商売は出来る。それ故どうしても支那に経営しなければならぬ。こういう風に皆着目して働くようになるのである。日本も隣の国でありますから、ただぼんやり見

141 支那地方…は、大倉は一九〇二年秋、初めて中国を訪れ、上海、揚子江一帯を視察した。
142 なかなかは、ここでは、予想した程度を上回るさま。
143 わけはないは、簡単であるの意。

ているわけに行かぬ。やはり(144)後《おく》れ馳《ば》せにも日本の青年は支那へ渡航して、そうして支那に在《あ》って商売を立てるようにするが宜《よろ》しい。こういうような考えも持ちました。よって今日《こんにち》はどうしても外国を相手に致しませんければ、国家の富を増し行くことは出来ぬと思います。

第四は、外国語と常識である。この間ある宴会に於いて、今日ここに御出席になっておりまする渋沢男爵の御親類の御方《おかた》の御話《おはなし》に、日英同盟などということの出来たのも、英語英文、いわゆる言葉が能《よ》く分かり、書いたものが能く分かったのが大層な働きをした、ということを申されました。これは今まで気が注《つ》きませなんだが、至極《しごく》そうであるだろうと思います。尤《もっと》もこれには政治上の力添《ちからぞ》えが手伝っているに相違ありますまいが、商業、工業の上には最もこの英語英文は必要であろう、と考えるのであります。

それから皆さんはここで始めて商業をなさる人もありましょうし、又商業をしつつある人もあるだろうが、商業の中に是非入用なものは常識でございます。ヨーロッパの言葉で申しますと(145)コンモンセンス、これだけは能《よ》く御心得《おこころえ》になって、何事についても常識に外《はず》れませぬように願いたいと存じます。随分《ずいぶん》吾々は長い間の経験で世の中を見ておりますが、

144　後れ馳せは、時機に後れてはいるがの意。遅れ馳せ。
145　コンモンセンスは、英語の common sense で、常識の意。

常識に乏しい人は時々[146]途方《とほう》もない考えを案出して、出来もしないことをやりたがる。やってみると途中で失敗をする。こういうことはこれまで幾らも感じております。

いわゆる[147]士族の商法で、御維新後、幾らも士族が商人になりましたが、百人の中《うち》九十人は失敗をした。この商法のやり方などは、実にコンモンセンスに外《はず》れておったことが多い。又かくの如きことにうっかりすると、吾々にもあるかも知れませぬ。殊《こと》に商売というものはなかなか込み入ったもので御座いまして、種々のことを何でも一通りは弁《わきま》えなければならぬ。そうでないと先方から馬鹿にされるのであります。何事も小事《しょうじ》なりと雖《いえど》も、能《よ》く目を留めて、自分で分からぬことは進んで研究する、その上に自ら進んでコンモンセンスに外れないように心懸ける。かような事柄をこれから世の中に立つについて御心懸けになったら、まず誤りは少なかろうと考えるのであります。

今日は卒業式に際して、[148]いささか自分の経験いたした事柄について、諸君に御注意を申し上げました。幸いに御参考に相成《あいな》りますれば、この上もない仕合《しあわ》せで御座います。諸君の御清聴下さいましたことを感謝いたします。

146　途方もないは、条理に外れたさま。
147　士族の商法は、商売の経験のない武士が行う商法で、不向きな分野で失敗することが明らかな仕事の仕方の例（たとえ）え。
148　いささかは、ほんの少し、僅かの意。

（注）　左の文が、雑誌『実業世界太平洋』掲載時には、文の冒頭に付されていた。

左の一篇は、大倉商業学校第一回卒業式に際し、同校創立者大倉喜八郎君が演説せられたる速記録なり。語々悉《ことごと》く実験上より出《いで》て、商界に身を立てんとする青年のために良き訓戒なれば、乞《こ》うて本誌に掲ぐることとなせり。

3　大阪大倉商業学校開校式に於ける訓話

一九〇八（明治四一）年四月二三日の訓話
『鶴彦翁回顧録』に掲載

来賓閣下及び各位、今日《きょう》[149]商業学校開校式を挙げますにつきまして、諸君が御多忙中、降雨にも拘《かか》わらず御臨席を賜《たま》わりましたのは、単に当校の光栄のみならず、我々商業家としてかたじけなく、感謝に堪《た》えざる次第、厚く御礼申し述べます。

本校設立の趣旨は、ただ今[150]小山《こやま》君から[151]縷々《るる》申し述べられましたから、私はこれに蛇足を添える必要は御座いません。ただ、この商業学校なるものが、いかなる便宜を社会に与うるかということについて、日頃私の理想とするところを申し上げて、御来会諸君の御参考に供《きょう》したいと存じます。

御承知の如く、我が国近来の発展は非常なもので御座いまして、極東の一小島国が今や世界の列強国と[152]伍《ご》するに至りましたが、これは戦争に勝利を占めたること、その他種々

149　大阪大倉商業学校は、大倉が大阪市に一九〇七（明治四十）年に創立し、現在の関西大倉学園に継承されている。
150　小山君は、小山健三（一八五八〜一九二三）で、東京高等商業学校校長・文部次官・三十四銀行頭取等を歴任した官僚・教育家・実業家、大倉商業学校協議員、大阪大倉商業学校理事となる。
151　縷々は、こと細かに、詳細にの意。
152　伍するは、同等の位置に並ぶ、肩を並べるの意。

の点に於いて国民の実力のあるところ、(153)表裏面とも世界から認められたので御座います。然《しか》るところ、この(154)日清・日露両度の大戦役のために我が国は多額の金を(155)費消《ひしょう》して、それがために(156)一億三千万ポンドの外債を起こし、内債にも(157)十六億という巨額の借金を負うている有様で、随《したが》って財政も自《おの》ずから楽観は出来ません次第である。

もとより借りたるものはどうしても返さなければなりませんが、その方案としては政府にも(158)償却《しょうきゃく》基金積立等もありますけれども、結局我が商工業を発達させ、海外輸出を奨励して益々隆盛ならしめ、世界の競争市場に我が商業者が優秀なる力をもってこれに当たり、これによって(159)漸次《ぜんじ》負債を返済するより外《ほか》に(160)思案も分別もありませんので御座います。さてその希望を遂《と》げんにはいかなる方策を探《さぐ》るべきかというに、吾々の考えまするところでは、何事よりも(161)第一着に海外貿易を拡張することが必要であります。これが発展に伴わ

153　表裏面ともは、全面的にの意。
154　日清戦争（一八九四～九五）と日露戦争（一九〇四～〇五）のこと。
155　費消は、使い果たすこと。消費。
156　一億三千万ポンドは、当時の約一三億円。
157　十六億は、十六億円のこと。
158　償却基金は、借金返済基金のこと。
159　漸次は、段々、次第次第の意。
160　思案も分別もは、思案・分別は共に「考え」の意。
161　第一着は、まず最初にの意。

れて農業も自然[162]振起《しんき》し得る次第であるが、これをなすにはちょうど都合の宜《よ》いことがある。

それは来《きた》る四十四年までには[163]関税の改正をなすべき時期が到来いたしますから、その際には十分適切なる改正を施して、国内到る所に鉱山、山林を初め、あらゆる諸種の工業を興し、製産物をドシドシ海外に輸出せなければなりませんが、その計画については我々共《ども》も極力[164]尽瘁《じんすい》しつつあるところでございます。米国の如き富強世界に[165]赫々《かっかく》たる大国も、[166]南北戦争後、思い切って強き関税政策を行ったために、一時非常の困難なる財政も[167]着々回復の途につき、商工業も次第に繁栄を来《きた》し、[168]爾後《じご》いまだ数十年を経ざるに今日の隆運に至りたるも、もし[169]曩《さき》に南北戦争前の如き貿易の成行《なりい》きに任《まか》せおいたならば、とてもかの如き進歩をみるべからざるはもちろん、あるいは[170]当今《とうこん》、単に一の農産国とし

---

162 振起は、盛んにする、盛んになること。
163 関税の改正は、一九一一（明治四四）年に行われ、日本の関税自主権が実現した。
164 尽瘁は、自分の労苦を顧（かえり）みることなく、全力を傾けること。
165 赫々は、立派になり目立つさま。
166 南北戦争（一八六一～六五）は、奴隷制を巡る利害対立が原因のアメリカ合衆国南北間の戦争。内乱。
167 着々は、一歩一歩のこと。
168 爾後は、その後の意。
169 曩は、昔、以前の意。
170 当今は、この頃、近頃のこと。28頁の注6「方今」と同意。

て、麦粉製造や牛乳、獣皮等の生産地位に止《とど》まりおったかも知れません。

かくの如く実例も御座いますれば、我が国に於いても官民一致して、輸出品については大活動の出来るよう方策を講ずることは緊切《きんせつ》のことで、(171)なおも忽《ゆるがせ》にはなりません。かくの如く、今(172)劇甚《げきじん》なる商戦場裏《り》に向かって我々の理想を実現せんとするにはいかなる人材が必要であるかというに、世界の各方面に向かって驀進《ばくしん》突撃せなければならんのであるから、是非とも大多数の完全なる教育を受けた強き商兵が最も必要でありますから、ここに商業学校を設けて、前途多望の青年に(173)商海の羅針盤たる学芸の普及を計り、やがてこの人達がそれぞれ(174)異彩放《はな》ちて各方面に勇戦奮闘されたならば、必ず偉大なる功績を奏《そう》せらるるであろうと考えます。又期して待つべきことと存じます。海外商売の結果に於いて経済の血管の通《かよ》いがよくなりますれば、漸次《ぜんじ》外債を減じ得る次第であります。

以上、私が微力ながらもこの学校を設立致しましたるわけでございますが、さてこれを設立するについても自分一人の力ではいけません。こうして、友人諸氏の賛同を得、殊《こと》に

171　なおもは、やはり、それでもまだの意。
172　劇甚は、極めて激しい、甚だしいさま。激甚。
173　商海は、商業界のこと。
174　異彩は、この場合、各自が有する個性の意。

又[175]高崎知事の厚き御賛助、その他大阪府会議員、[176]参事会員諸君の助力を得まして、かくの如き[177]格好なる地を[178]卜《ぼく》して校舎を完成し、今日開校の式を挙ぐるの運びに至りましたので御座いますから、特に感謝を申し述べます。

つきましては、ここに青年諸君に一言《ひとこと》申しておきたいのは、日本が何のために、にわかに[179]強国の伴《とも》に入ることを得たかと申すと、取りも直さず国民一般、忠勇愛国の熱誠をもって国に尽くしたからであって、単に兵力のみではありません。ところでこの国を愛するということが一番大切であるが、その「愛」の字は時と所とによって働きを異《こと》にするのである。即ち諸君が学校に入って学事に身を委《ゆだ》ねておらるる間は、学校を愛して一生懸命に側目《わきめ》も振らず学業に勉めなければならぬ。又学校を卒業して世の中に出たなら、今度は大いに事業に従事せなければなりませんが、一度選んだところの事業に従事した以上は、

175　高崎知事は、高崎親章（たかさきちかあき、一八五三〜一九二〇）で、官僚・政治家で各地の知事を歴任し、後の帝塚山（てづかやま）学院初代理事長。
176　参事会は、知事、府県高等官、議員から選出される名誉参事会員、この三者から成る当時の地方自治の組織。
177　格好なるは、適当なの意。
178　卜しては、この場合、判断して定めるの意。
179　強国の伴に入るは、強国の一員になるの意。78頁の「世界の五大国の一になる」参照。

(180)一意《いちい》その事業を愛さなければなりません。(181)而《しか》してその事業に忠実にして(182)勇往邁進《ゆうおうまいしん》の勇気があれば必ず成功するが、もしこれに反して己《おのれ》の従事している業務に不熱心であったり、あるいは他人の事業を羨《うらや》みて何か外《ほか》に甘いことはないかというような考えを起こす人は多く成功せず、ついにマゴついて半生《はんせい》を過ごすというような例は世間に頗《すこぶ》る多いので御座います。

故に諸君に向かって(183)切《せつ》に申し上げておくのは、いったん目的を定めて選択した事業に取り掛かった以上は、あたかも兵士が戦陣に臨んだような考えで、(184)専心《せんしん》敵を目掛《めが》けて奮戦する覚悟でなければならぬ。この戦争には必ず敵がある。その敵はいかなるものというに、それは(185)懶惰《らんだ》である。その敵に打ち勝って奮闘場裏《り》に働く人は、たいていは成功するものであります。而して諸君各自の成功、各自の利益は即ち国家の利益であります。間接にはそれが忠君愛国ということになるのでありますから、青年諸君には服膺《ふくよう》して頂きたい。今日の開校式について(186)蕪辞《ぶじ》を申し述べ、ここに重ねて諸君の来臨を感謝いたしまする。

180　一意は、一つのことに心を集中する様。後出の「専心」と同意。
181　而しては、そうして、それに加えての意。88頁の注262「然して」と同意。
182　勇往邁進は、ひたすら進むこと。99頁の注33「邁往直進」参照。
183　切には、心からの意。
184　専心は、心を一事に集中すること。前出の「一意」と同意。
185　懶惰は、面倒くさがり、怠けること。125頁、及び同頁の注133「安逸」参照。
186　蕪辞は、洗練されていない言葉、演説の意で、自分の語ったことを謙（へりくだ）っていった表現。

4 同窓会第一回総会に於ける演説

一九〇九（明治四二）年五月九日、目黒ヱビス・ビール庭園での演説
『大倉商業学校同窓会会報』第二号に掲載

諸君、時あたかも軽暖肌に適する新緑の好季節に際し、前途望み多き青年諸君と共に卓を同じうして杯《さかずき》を挙げまするは、まことに喜ばしいことで、年老《と》りました吾々は、大層の興味を覚えまするので、随《したが》って感じが深う御座います。

石黒男爵の旅行中で、本日ここに見えませぬのは深く遺憾《いかん》に存じまする。殊《こと》に今日は同窓会第一回の総会[187]で、卒業生諸君が慇懃《いんぎん》[188]にも吾々をも御招き下さいましたことであり、且《か》つ今後も永くこの会を続けられるだろうと存じまするので、なおさらもって愉快に末頼母《すえたのも》しい御会同と、一層私は愉快に感ずるので御座います。一言《ひとこと》謝辞を申し上げると共に、チョット感じたことが御座いますから、それを簡単に申し述べたいと思います。

ちょうど昨晩のこと、永い間米国に往《い》って大きな商店に使用されておって、ちょうど八年あまり一つ処《ところ》におった者が、今度帰ったというので私の処へ尋ねて来ました。どういう

187　同窓会第一回の総会は、一九〇四（明治三七）年、教職員・在校生・卒業生から成る校友会が創立され、五年後に卒業生による大倉商業学校同窓会が結成された、その第一回のこと。
188　慇懃は、丁寧なこと。真心が籠（こも）っていること。

ことを感じたかということを尋ねまして、だんだんその話を聞いてみると、「私は甚だ学問の乏しい者であるが、こういうことを感じた。私の勤めていた家の主人は大きな卸売《おろしうり》の商店を有《も》っている偉い人物で、その人が広告をするために十一、二歳の子供を雇って広告の札《ふだ》を諸所へ配《くば》らせる。

その時に主人が私に、

『お前は年を長《と》っているからアノ小僧はヒョットすると広告の札を途中で棄ててしまって、配らないで配った風をして帰って来るかも知れないから、監督に回ってくれ』

こういうことを頼まれた。ソコで一人の小僧の後に尾《つ》いて回った。ある処《ところ》に往《い》くと、その小僧が、

『今日はどうも暑いので非常に喉《のど》が乾いた。ちょうど私の家の前に来たから、お前さんも寄って下さい。珈琲《コーヒー》を一杯飲んで、復《また》(189)勉強して配《くば》りましょう』

というので、

『それも宜《よ》かろう』

といって、その小僧の家に往《い》ったところが、非常に大きな家の前に往って突如《とつじょ》そこの家

189　勉強は、この場合は、精を出す、努力するの意。

へ這入《はい》った。スルと内《なか》から下婢《かひ》(190)が出て来て、

『若様、御帰りなさい』

といって出迎えに出た。

『ハテナ、不思議だ』

と思っているうちに、奥さんが出て来た。ソコで小僧と一緒に這入って様子を見ると、いかにも立派で、奉公人なども沢山《たくさん》使っている。小僧は、

『喉が乾いて仕方がないから珈琲をください。そして日本の人も一緒に来ているから菓子も下さい』

といって珈琲と菓子を貰い、私も馳走《ちそう》になった。ソコで私は、

『妙だな。どうも訝《いぶか》(191)しい。広告の札配りや新聞の配達みたようなことを、こういう大きな家の若さんがするはずがない』

と、こう考えたので、ソコで、

『お前さんは一体どういう人だエ、広告の札配りをする小僧が、こういう大きな家に這入っている。何も他人の家に雇われて、二仙《せんと》(192)幾ら（日本の金にして五銭くらいに当

190 下婢は、下働きの女。下女、女中のこと。
191 訝しいは、疑わしい、不審に思われること。
192 仙は、セント（cent）で、一弗（dollar）が百仙の通貨単位。

たるそうだ）の給金取りに雇われて往《い》かないでも宜《よ》さそうなものじゃないか』

と尋ねたところが、

『イヤそうじゃない。お父さんのいうには、小さい間から貯金ということを考えなければならぬ。何でも自分で働いて貯金をせい、ということを訓《おし》えられているので、私は貯金をするために働いている。今ちょうど十一円ほど溜《たま》っている、これを殖《ふ》やすのが何より楽しみだ』

といって、労働をすることを少しも恥じない。実に感服の外《ほか》はない。米国人の独立心の強いのはこれだ。実にこれでなければ、独立心が出るものじゃないということを深く感じまして、その大家《たいか》の息子と自分も一緒に広告札を配りながら話をした」

ということです。

それから米国にいる時分に、お前の主人は、(193)平生《へいぜい》どういうことをいって戒《いまし》めたか、といって尋ねましたところが、

「つまり(194)煎《せん》じ詰《つ》めると、正直と勉強、この二つを外《はず》れちゃアどうしてもいけない。これだけは常に主人から繰り返し繰り返し、いわれました」

193　平生は、常日頃、普断の意。

194　煎じ詰めるは、とことんまで考えるの意。

ということを申しました。これは全く誰もいうことで、分かり切ったことだが、いわゆる勉強は「幸福を生むの母」と(195)古人のいったのは、やはり予を欺《あざむ》かない。これは(196)千古《せんこ》の格言で御座いまする。いうまでもなく勉強を基礎として働けば、幸福を得られるので御座いまして、欧米の大商人は常にこういうことを訓《おし》えている。ツイ昨晩そのような話が出ましたので、今日は喜びのあまり、(197)陳腐《ちんぷ》な事柄でも聞いた耳は新らしいことで御座いまするから、一言《ひとこと》諸君に御話をして、(198)倶《とも》に与《とも》にこういうことを我が同窓会の諸君に於いても、(199)工夫《くふう》されることを希望致しまするので、これは小にしては個人の利益、大にしては世の中の利益だろうという、私の老婆心《ろうばしん》で御座います。

195 古人は、昔の人のこと。
196 千古の格言は、昔から知られている、事柄の本質、道理を的確にとらえた言葉。120頁の注111「千古の名言」と同意。
197 陳腐は、ありふれていて平凡なこと。
198 倶に与には、一緒になって、我々一同の意。
199 工夫は、この場合、なるほどと思う、納得するの意。

5　創立十周年紀念式に於ける祝辞

一九一〇（明治四三）年一〇月二三日の祝辞
『創立満十周年紀念号補遺』に掲載

諸君、ただ今[200]当校の十周年の紀念として私に紀念品を下されまして、これは長く子孫のため、一身の光栄として有り難く頂戴致します。[201]一応《いちおう》御礼を申し上げます。又今日《きょう》はこの学校の紀念式につきまして、[202]総理大臣より[203]祝詞《しゅくし》も賜《たま》わり、文部大臣は御自身に御来臨下さり、その他[204]朝野《ちょうや》の諸君が御来臨下されましたことは、自分の光栄のみならず、学校生徒並びに一同の光栄と忝《かたじけな》く感謝致します。

序《ついで》に申し述べまするが、創立十周年の紀念として、今日かくの如く盛大なる紀念式を挙げまするのは、誠に喜ばしいことであります。この学校を建てましたのは昨日今日《きのうきょう》のよう

200　当校は、大倉商業学校のことで、一九〇〇年七月六日に設置認可され、九月一日開校したが、創立者大倉喜八郎の誕生日は九月二四日、太陽暦では一〇月二三日となるので、その日が創立記念日とされた。
201　一応は、まずもっての意。
202　総理大臣は、第二次桂内閣（一九〇八～一一）の桂太郎（一八四八～一九一三）、文部大臣は小松原英太郎（一八五二～一九一九）。
203　祝詞は、祝辞。
204　朝野は、政府関係（朝）と民間（野）の両方のこと。

に思っておりましたところが、[205]光陰《こういん》流るる如く既に十年になった。ここに於いて私はお考えると、十年の紀念として、ただ今石黒男爵の御述べになった十箇《か》条の事項、二十年の時にもこれに増した紀念物が出来るようになるだろうと思います。前途有望、[206]去《さ》りながらこの二十年の時には、吾々はこの世の中に在《あ》るか無いか分からぬが、若い諸君は益々発展して活動することを希望致します。

この学校に従事致しまして、これまでに大層《たいそう》力を尽くされましたる石黒理事を初め、職員諸君、あるいは[207]協議員諸君、こういう人達と共に、万一にも[208]二十年の紀念会に私が臨むことが出来ましたならば、私の喜びこれに過ぎませぬ。願わくは諸君と共に二十年紀念式には一堂に会して、互いに喜びの面《かお》を見まするのを今より希望致します。今日は来賓[209]諸彦《しょげん》の御演説もございますから、私は祝辞を申し述べまして、これに止《や》めておきます。

205 光陰は、光（日）、陰（月）なので、時の流れ、月日のこと。
206 去りながらは、然（さ）りながらで、しかしながらの意。
207 協議員は、財団法人大倉商業学校の管理・運営について、理事に次いで責任を持つ役員で、現在の評議員に相当か。
208 二十年の紀念会は、一九二〇年一〇月二四日、創立二十周年記念式典が行われ、大倉は元気に参加し、次節に揚げた祝辞を述べた。
209 諸彦は、多くの優れた人という意で、主に男性が敬意を込めていう語。

6　創立二十周年記念式・石黒子爵寿像除幕式に於ける祝辞

一九二〇（大正九）年一〇月二四日の祝辞
『大倉高等商業学校同窓会会報（記念式報告書）』に掲載

閣下、諸君、本日は当《とう》大倉高等商業学校の二十周年記念と、なお又石黒子爵閣下の寿像除幕式と併《あわ》せ行われる、大層目出度《めでた》い折で御座います。閣下も、諸君も、共に非常に御喜びだろうと存じます。当校創立以来のことは、既に石黒さんがお述べになった、又校長からもお話になったことでありますから、それは略して、私はただこういう観念があったということについて、想い起こしましたことを申し述べます。

明治五年にヨーロッパへ商業視察に参り、ロンドン滞在中の折柄《おりがら》、一日《いちにち》公使館に参った。そうすると、今日《きょう》はイギリスのいわゆる皇居、バッキンハム・パレスに我が公使

(210) 石黒子爵は、石黒忠悳のことで、一九二〇年に男爵から子爵に上がり、翌年は喜寿を迎えるので、その両方の記念の寿像。49頁の注110「石黒男爵」参照。
(211) 校長は、立花寛蔵（一八六七～一九四〇）で、大倉商業及び大倉高商の校長を一九〇六～二七年と二十年以上勤めた。
(212) 大倉は一八七二（明治五）年七月に横浜を出港し、同月末に米国到着、十月から英国に十カ月滞在した。47頁の注102参照。
(213) 一日は、ここでは、とある日の意。
(214) バッキンハム・パレスは、バッキンガム（Buckingham）宮殿で、イギリスの王室の公式の宮殿。

が[215]参内《さんだい》なさるというので、その参内の御様子を拝見した。そうすると、公使は誠に質素貧弱な風采《ふうさい》で、馬車を見ると、吾々の乗っているような馬車であった。公使の参内というからには、[216]定《さだ》めし[217]御者《ぎょしゃ》の[218]シャッポの上に金の鉢巻をした、威風堂々と参内なさるだろうと思ったら、[219]案外であった。その晩に公使館へ食事に招《よ》ばれましたが、当時の公使は[220]寺島宗則《てらしまむねのり》、書記官は[221]先達《せんだっ》て逝《な》くなられた[222]本野《もとの》一郎さんのお父さん、本野盛亨《もりみち》氏、それから[223]鈴木金三、[224]中井弘《ひろし》という連中と一緒に食事を致しましたが、その席で私は問《と》いを起こした。

「私は初めてヨーロッパへ参ったので、こちらの習慣は知りませんけれども、一国の公

---

215 参内は、宮殿に参上すること。

216 定めしは、必ず、多分の意。

217 御者は、馬車の馬を操（あやつ）って走らせる者。

218 シャッポは、フランス語の chapeau で、帽子のこと。

219 案外は、予想と違って思いの他（ほか）の意。

220 寺島宗則（一八三二～一八九三）は、外務卿等を歴任した外交官・政治家。大倉は渡米欧直前に寺島宛の紹介状を、かつて横浜運上所長官だった上野景範から貰っている。

221 先達ては、先頃、この間の意。

222 本野一郎（一八六二～一九一八）は、外務大臣等歴任の外交官。その父、盛亨（一八三六～一九〇九）は、官僚・実業家で、読売新聞創業者の一人。

223 鈴木金三は、鈴木金蔵（一八三五～八二）で、寺島宗則公使に従ってイギリス公使館に赴任した外交官。大倉のイギリス滞在時は外務三等書記官。

224 中井弘（一八三九～九四）は、滋賀県・京都府知事等を歴任した官僚・政治家で、大倉は一八七二年からの渡欧時に中井、木戸孝允らと一緒にイタリア旅行をしている。木戸（一八三三～七七）は長州藩士。明治維新の三傑の一人。

使がイギリスの宮殿へ参内をなさるという場合は、相当の(225)威儀を繕《つくろ》うて立派に参内なさることと思ったら、どうも誠に情けない貧弱なもので、甚《はなは》だ日本人として物足りないような感が起こりました。これはどういうものですか」と、こう申しますと、寺島君の曰《いわ》く、「御尤《ごもっと》もだ。しかし私は実際をお話しします。今日本の代表者として参内しても、公使というものは、古くからいる人が先で、自分の席を見ると一番終《しま》いだ。世界中の国々を代表している公使の中で、一番(226)ビリッコケの所に席がある。ただ頭数《あたまかず》に漏れないというばかりだ。これはまだ日本が世界に認められていないからで、仮令《たとい》日本の公使がいかに立派なる着物を着たからというて、何にもならない。公使というものは国の(227)影法師のようなもので、国が強くなれば公使も立派になる、又席順も立派な所になる。どうしても国民が強くならなければいかない。あなた方も国を富ます方に力を注いで、そうして国民の働きが強くなると公使が威張《いば》れる。そうすれば金のシャッポを二つも三つも冠《かぶ》って参内する。今日《きょう》のように、一番お終《しま》いの所に座る席のあるというような時は、仕方がないから……それは大いに考えて貰わなければならぬ」とシミジミといわれましたから、私もなるほどと感心しまして、実に御尤《ごもっと》もだ、然《しか》らば吾々は、これからその心を持ってやらなければならぬ、

225　威儀を繕うは、厳（いかめ）しく重々しいさま。
226　ビリッコケは、尻、最下位の意の「ビリ」と、同じ意の「ケツ」がなまった「コケ」からなる語で、最下位のこと。
227　影法師は、物に映っている人の影のこと。この場合は、代理人のような立場にある人物の意。

と答えたのであります。

ただしその当時は、政治上のことについては、日本から沢山《たくさん》の(228)政治書生が行っておりましたが、商売ということについては私一人である。これにつきまして、大層《たいそう》私の頭を刺戟したのであります。しかし国を強くする、商売をするといったところで、商売の手続から、総てのことを知らなければいけない。それを知るには、本ばかり見ていてもいかぬ。それで私は、ロンドンへ支店を出して微力ながら取引を始めたら宜《よ》かろう、こう考えまして、それから(229)明治七年に、ロンドンに支店を拵《こしら》えた。支店というてえらそうでございますが、間借《まがり》で、二間《ふたま》借りて、そこに大倉組支店という看板を出して、それから(230)孜々《しし》としてやっておりますけれども、なにぶん微力でもあり、その時代は日本の発展が思うように行きませぬで、事《こと》、志《こころざし》と違うばかりでありましたが、それでもとうとう辛抱《しんぼう》して、今日まで続いております。故にこの商売の上には、やはり世界のことに通じなければいかぬと、こう存じているのであります。

時あたかも私の六十一歳、即ち還暦の折からに、何か国家に対する御祝《おいわ》いをしたいと存

228　政治書生は、政治を学ぶ学生のこと。218頁の注244「書生」参照。
229　大倉組商会は一八七四（明治七）年、日本企業で初めての海外支店をロンドンのジェフレスクェア街に設けた。208頁参照。
230　孜々としては、熱心に努め励（はげ）むさま。

じましたが、その頃は[231]治外法権というて、今、石黒閣下の御話のように、我が日本は、総て世界の国々と同じようでなかった。法律でも何でも、西洋人が悪いことをしても、日本の裁判官が裁判することは出来ない。やはりその国の領事が裁判をする。これを止《や》めさして、普通の世界共通にしようというために政治家は非常なるお骨折であった。又私共もどうかして、西洋人と同じようにしたい、それには外国人、日本人という区別を撤廃しなくてはいかぬということを、深く[232]切言したのであります。

その治外法権が幸いにも愈々《いよいよ》撤廃されようという時でありましたから、これより益々世界を相手の商売が盛んになる。それには商売の手続が分からなくてはいかぬ。それを知らずに商売するは、いわゆる軍法を知らぬ兵隊が役にたたぬと同じようで、世界の商売の方法を知らなければ、世界共通の商売は出来ぬから、これを教ゆる商業学校を拵《こしら》えたら宜《よ》かろうと考えつきまして、石黒さんに御相談した。それで成り立ちましたのが、今日《こんにち》の当学校であります。それから、かくの如くおいおい卒業生も出来ますのは、私の望外の喜びで、早や二十年の記念を祝うようになったのも、私は大変に短いように思う。何時《いつ》の間にか二十年は過去《すぎ》た。私は[233]いったん商業を生命と致しておりまするから、自分の体の続く

231　治外法権は、外国人が居住国の法律等の支配を受けない特権で、幕末の一八五八(安政五)年の日米修好通商条約、安政五カ国条約がその例である。
232　切言は、熱心に説くこと。
233　いったんは、ここでは、一度(ひとたび)はの意。

だけは、何時までも商業に(234)鞅掌《おうしょう》して努力を続けようと思っております。(235)老生《ろうせい》をしてこの感を起こさしめたのも、前に申した明治五年に、我が日本の公使が、情《なさ》けない有様で参内されたことが頭に残っている。これが私にとっての実際の教訓であったろうと思います。今日《こんにち》の若い方はお解《わか》りでないが、その時代は日本という国はいったい何処《どこ》にあるか、支那の属国かなんかといわれたものだ。今日は世界の五大国の一になるには、勉強して努力して、そうして先程《さきほど》(236)渋沢さんの仰《おっしゃ》るように、(237)誠意本心、一生懸命にならなければならぬ。今日のお若い諸君には、どうか油断なく、自助的の考えをもって、そうして御成功なさることを願いたい。

人間の処世の上に、何が一番大切か、何が一番必要か。人間に生まれた以上は、自ら助ける、いわゆる自助。己《おのれ》を己が助けないのに、人が助けるわけはない。己を自ら助けると天が助ける、これが自助。それから努力をしなければならぬ、一生懸命に働かなければならぬ、これは当然のことである。努力しなければ、決して幸福は得られない。それから最も必要なのは誠の心、誠意がなければならぬ。商売を広く致しますには、誠の心がなくて

---

234 鞅掌は、忙しく働くこと。129、208頁参照。
235 老生は、高齢の男性が自分のことを謙（へりくだ）っていう語。
236 渋沢さんは、渋沢栄一で、49頁の注113「渋沢男爵」、211頁参照。
237 誠意本心は、正直に真剣に、真心（まごころ）を込めての意。

はどうしても信用が生まれない。この自助と努力と誠意、この三つは、人間生涯の幸福を得る守り本尊《ほんぞん》と思《おぼ》し召《め》して宜《よ》いのである。微力でありますが、八十四歳の老翁《ろうおう》(238)でも、毎日努力している。決して遊んでおりませぬ。

幸福を授ける神やまもるらん
　自助と努力と誠意ある人

これを書いておきましたから、後で皆さんに進上(239)し、これをもって今日の祝辞に代える次第で御座います。

238　老翁は、年老いた男性のこと。
239　進上は、人に物を差し上げること。進呈、献上。

7 善隣商業学校に於ける訓話

一九二五（大正一四）年五月の訓話
『鶴彦翁回顧録』に掲載

私は本年八十九歳、来年は九十歳になろうという老人です。皆さん方はまだまだ若い(240)血気盛《けっきざか》りの若人《わこうど》です。で、皆さんに向かって御話しするのは非常に愉快です。

まず本校設立の由来をお話致します。本校はかの(241)伊藤博文公《ひろぶみこう》が朝鮮の統監として赴任されるとき、私に会って、「大倉君、なにか一つ朝鮮のためになるようなことをして戴《いただ》きたい」と申された。私もそこで考えまして、まず何より先、朝鮮の人を富ますようにしなければならないと思った。それにはどうしても実業を盛んにしなければならないと考えて、「朝鮮に一つ商業学校を建てよう」と伊藤公に答えておいた。そういう次第で出来上がったのがこの(242)善隣商業学校です。位置も始めはここではなく、また始めから今日《こんにち》のような大きなものではなかった。(243)京城《けいじょう》に空家《あきや》を借りて学校を始めたようなわけであったのです。

---

240 血気盛りは、若くて活力が溢れていること。
241 伊藤博文（一八四一～一九〇九）は、初代の総理大臣・枢密院議長・韓国統監で、大倉との交友は深かった。248頁参照。
242 善隣商業学校は、一九〇七年にソウルで開校し、現在は名称が善隣インターネット高校と変わっている。同校は現在も関西大倉学園との交流が深い。韓国政府が一八九九年に設立した官立商工学校の在校生を引き取っているので、同校が善隣商業学校の前身ともされている。
243 京城は、韓国の首都の漢城のことで、一九一〇年、日本の韓国併合以降に京城とされ、一九四五年の独立後はソウルとなる。

とにかく本校は、鮮地にある内鮮人の子弟に商業教育を施して行こうというのが設立の趣旨であります。今日ここに来て親しく見るところによりますと、その趣旨がよく実現されているようで、私は大いに満足する次第です。

さて皆さんは世の中へ出ては、自分で働いて、自分で食べて行かねばならない。人間は動物だから働いて食わねばならない。世の中に立って大いに働こうとするには、学問しなければいけない、智識を研《みが》かねばならない。で、皆さんはよく勉強しなさい。皆さんは学校を卒業して商人となる。立派な商人となって金を儲《もう》ける、金を儲けて自分を富まし国を富ます。

よく若い中《うち》には商人なんかつまらない、それよりか政治家がよい、華《はな》やかで名誉でよいと政治家を望む人がありますが、もしも皆さんの中《うち》に商人になるのを嫌い、政治家を望んでここかしこに飛び回って政談演説でもしたいような人は、この学校におらんがよい。この学校は商人をつくるところだ。分かりますかね、分かりますか、皆さん。八十九の老人がはるばる京城まで来ていうのです、よく分かって貰わねばこまる。分かって、そして実際に行うように努めて下さい。人間は自分で働いて食って行かねば駄目ですよ、皆さん。他人の力で食って行ったり、人の力をあてにするような人間は駄目ですよ。

(244) 鮮地は、ここでは、朝鮮のことで、内鮮人は、そこに住む日本人と朝鮮人の両方を指し、共に主に日本統治時代に使われた言葉である。

それから最後に一ついっておきます。人間はどんな時でも借金はしないことです。借金をすれば頭が悪くなる。何故かといえば借金は返さねばならぬ、借金を返すことに心配して夜もオチオチ眠られない、そうなっては自然頭も悪くなる、頭が悪くなれば何事も出来ない。だから皆さんは、これから世の中に働く上に於いて借金をせぬことです。アメリカの一大実業家で大富豪の(245)ロックフェラー氏、この人の所へ、ある青年が訪ねて来て、処世上の(246)箴《しん》をたずねたそうです。そうするとロックフェラー氏はただ一言《ひとこと》、「借金するな」といったそうであります。

私もその通り。皆さん、借金だけは決してしないことにきめていて貰いたい。他人の金をあてにして、それで事業をやって行くのではだめです。自分で働いて儲《もう》けて、(247)一寸《すん》儲ければ一寸だけ、一尺《しゃく》儲ければ一尺だけ、次第次第に大きくなるのがよいのです。よく覚えていて下さいよ。覚えていなければ何にもなりませんよ。今日《きょう》皆さんにお会いしたしるしのお話はこれで終りです。

245　ロックフェラー（一八三九〜一九三七）は、米国の実業家・慈善事業家で、スタンダード・オイルを創業し、石油市場を独占した。120頁参照。

246　箴は、過ちのないように、前もって与える注意。戒（いまし）め。

247　一寸は、約三センチの長さなので、ごく僅かの意で、一寸は、「ちょっと」とも読む。一尺はその十倍。

8　最後の訓話

一九二八（昭和三）年一月九日の大倉高等商業学校始業式での訓話
『大倉鶴彦翁最後の訓話』の本文全文

私は本年九十二歳の春を迎えまして、この新年の始業式に臨んで、若い皆さん方と新年を祝い、(248)膝《ひざ》を接して語ることが出来るというのは、誠に心から喜ばしいことで、ここで話をしていると、何となく気分が若返ったように思います。私のように老《お》い先短い体に引き換え、皆さんはこれから社会に出て大いに(249)雄飛せんとする身であり、社会有用の人物たらんとする方々であるから、今日の社会に立つにあたって、まず確固たる決心を持たなければならない。

これについて、老人はここに九十年の体験によって、皆さんに一つの覚悟を御話しておきたい。老人は心から皆さんに告《つ》げるのです。皆さんもそのつもりで、よくよく心に留めておいて戴きたい。

私は、先刻(250)校長さんにも申したことであるが、この学校独特の特徴を作りたいのであ

248　膝を接しては、ここでは、親しくの意。
249　雄飛は、大きな志を抱いて盛んに活動すること。
250　校長は、一九二七年から三六年に掛けて大倉高商の校長を務めた川口酉三（かわぐちとりぞう、一八七三～一九四一）のこと。

る。それは何かというに、責任を重んずることである。言葉を換えていえば、信用を重んずるということであります。凡《およ》そ何事をなすにも、最も大切なのは信用である。信用の無い人間は首の無い人間のようなもので、人間として少しの値《ね》うちもありません。皆さんは、首の無い人間にはなりたくないでしょう。しかし、信用を重んずるということは、誰もこれを口にすることは容易であるが、これを実行することは仲々難かしい。実際、信用は急に出来るものではない。毎日毎日の仕事から、だんだんに出て来るものであります。即ち、自分の仕事に対して責任を重んじ、いったん口でいったことは必ず実行する、約束した以上は決して違《たが》わないということが土台となって、それから信用が生まれ出るのであります。

随《したが》って皆さんのように、将来大いに為《な》すあらんとする青年は、この信用の生まれ出る基《もと》を忘れてはならぬ。特に大倉学校の生徒は、これを深く深く心に刻んで、何処《どこ》までも信用を得ることに努めねばならぬ。そうすれば、世間からも、大倉学校の出身者は能《よ》く自分の責任を果たす、約束を違えない、アノ学校の出身なら全く信用が出来るといわれるようになる。銀行や会社で人を採用する場合には、アノ大倉学校の卒業生ならば確実だといわれるようになる。それが、結局皆さんの幸福を増す基でもあれば、又学校の名誉でもある。是非そうしたい、またそうしなければならないと思う。

しかしこの信用ということは、啻《ただ》に諸君ばかりではなく、教職員の方々にも、能《よ》く心に留めておいて戴きたいものです。私の若い時分、明治維新の頃、鉄砲の商売を致しましたが、当時世の中は非常に物騒で、鉄砲屋の仕事は命掛《いのちが》けであった。(251)なにぶん商業道徳などということはまるで(252)ソッチのけの頃ですから、商人は儲《もう》けさえすればよいというので、約束を堅く守るという考えなどはほとんどありませんでした。その頃、私は横浜にいるヨーロッパ人と取引をしましたが、その人達の口から、私はたびたびこんなことを聞いた、「日本人は全く信用がおけない。約束を完全に果たす者はほとんどない」。

だから現金と引換でなければ取引を行わなかった。しかしその中で私は堅く約束を守って、一回も違《たが》ったことがなかったので、ダンダン信用を得て、「大倉屋との商売だけは大丈夫だ、少しも心配はない」といわれるようになりました。随《したがっ》て外国船が横浜へ着くと、まず荷を卸《おろ》さない前に、直《ただ》ちに先方から大倉屋へ知らせて来る。その上に仕払いは後でも宜《よ》ろしいという(253)塩梅《あんばい》で、ついにはまだ代金を払わぬ内に、品物をヅンヅン渡してくれるようになった。お蔭で一般同業者よりも迅速に、且《か》つ大きい取引が出来ました。

それから、買取った鉄砲を商《あき》なうにも、随分《ずいぶん》危険が伴った。昼間、街を歩く時でさえ、

251　なにぶんは、何といっても、とにかくの意。
252　ソッチのけは、其方退（そっちの）けのことで、構わずに放っておくこと
253　塩梅は、具合、様子の意。

何時《いつ》鉄砲玉が飛んでくるか知れないような物騒の頃だから、注文先の(254)藩邸へ品物を持って行く途中、これを奪い取ろうとする(255)壮士《そうし》等に幾度襲われたか知れない。路地路地に隠れながらようやく先方へ届けるのです。そのため(256)手代達の中には、(257)辻斬《つじぎり》の手に掛かった者もあった。しかし引き請《う》けた以上、どんなことがあっても必ずこれを届けました。かくまでして私は自分の仕事、自分の約束、自分の責任というものを果たした。その頃、同業者は沢山《たくさん》あったが、それがどうなったか、今日《こんにち》ではほとんど一人も残っていない。その人達の店の跡《あと》も判《わか》らない、ただ自分だけが残って、多少世間から知られているのは誠に(258)感慨に堪えませぬ。これというのも全く、自分が責任を重んじ、信用を汚《けが》さないように努めて来た結果であると、私は確《かた》く信じております。

その後、色々仕事を致しましたが、自分の責任を果たすことについては、徹頭徹尾、終始《しゅうし》一貫して来ました。然《しか》るに近頃、世の中の風潮を見ますと、この責任観念がいかにも薄らいで来ました。これは実に恐るべき現象であります。品物を買っても代金を仕払わない、自分の都合次第では約束を破棄してしまう……という者も出て来る。誠に慨《なげ》かわしい

254 藩邸は、大名諸藩の屋敷。
255 壮士は、血気盛んな男、あるいは暴力を用いて事を成し遂げようとする人のこと。
256 手代は、ここでは、商家の従業者で、番頭と丁稚の中間の身分の者。
257 辻斬は、武士が街中（まちなか）、往来で通行人を斬りつけること。また、その武士のこと。
258 感慨に堪えぬは、感情を抑えることができない、心を打たれるの意。

ことであります。私は、近頃起こった(259)ある銀行の一大破綻《はたん》につきましても、先年、特に銀行当局者に警告を与えて、これを未然に防ぐように注意致しましたが、当局者が私の警告を実行しなかったために、ついに収拾することの出来ない大破綻を招いたのであります。

銀行がお客さんから金を預かり、何時《いつ》でもその預金を払い戻す約束をしておきながら、その請求に対して仕払いが出来ないとは何たる不都合のことであるか、実に驚き入ったる次第であります、又株主から見れば、株主が自分の資本を入れてある会社、銀行が、何時《いつ》の間にか資本が半分にも、三分の一にも減ってしまっている。こういう事態を惹《ひ》き起こすということは誠に申しわけのない話で、昔なら、その当局者は、不始末の責任を負って切腹しなければならぬはずです。然《しか》るに当局者は、更にその責任を自覚しない、それのみならずその職責上、当然身を処すべきであるのに、これを為《な》さず、その処置にも出ようとはせず、(260)恬《てん》として恥ないというに至っては、正《まさ》しく無責任の極というべく、実に言語道断であります。

私は繰り返して申します。この責任を重んずるということは、人間の一番大切のことで、殊《こと》に皆さんのように、これから社会に出て働こうという人達には、それが無上の生命であ

259　ある銀行は、台湾銀行のことで、大倉は創業時からずっと同行の監査役を務めており、ずさんな経営を厳しく注意していたところ、同行は一九二七（昭和二）年に破綻し、金融恐慌を激化させた。150頁の注251「財界の破綻」参照。

260　恬としては、平然として少しも気に掛けないの意。

ります。皆さんは克《よ》くこの道理を考えて下さい。責任観念があれば自然とその人に信用がつく、しかしこの責任を立派に果たすには、ここに非常なる勇気が必要であります。即ち前にも述べたように、一度約束をしたことは首を刎《は》ねられても必ずこれを実行する、実行しなければ已《や》まないという覚悟、つまり勇気であります。そうしてこの覚悟を実行して行きさえすれば、成功は招かずして来るのです。

諸君、これは(261)一場《いちじょう》の演説ではありませぬ。この九十二歳の老人が、永い間の体験から、これを心から諸君にお話するのである。(262)然《しか》してこのことは国のためであり、同時にまた皆さんのためでもあります。

(263)希《こいねがわ》くば、この大倉学校の卒業生は、みな一様に、この心掛けをもって社会に立って貫いたい、この覚悟をもって事に当たって貫いたい。そして、この責任を果たす、信用を重んずるということを、この大倉学校の魂とし、これをこの学校独特の特徴として、永《なが》く国家のために尽くすようにして戴きたい。

(264)満堂の諸君、どうか老人のこの言葉を忘れないで下さい、そうしてこれを実践(265)躬行《きゅうこう》

261 一場のは、その場限りの意。
262 然しては、そうして、それに加えての意で、65頁の注181「而して」と同じ。
263 希くばは、願わくば、何卒（なにとぞ）の意。
264 満堂は、この建物の中一杯、満場のこと。
265 躬行は、自ら実行するの意。

して下さい。これが老人(266)衷心《ちゅうしん》よりの希望であります。

266　衷心は、真心、奥底からの意。238頁の注337「微衷」と同意。

二　青年に与える

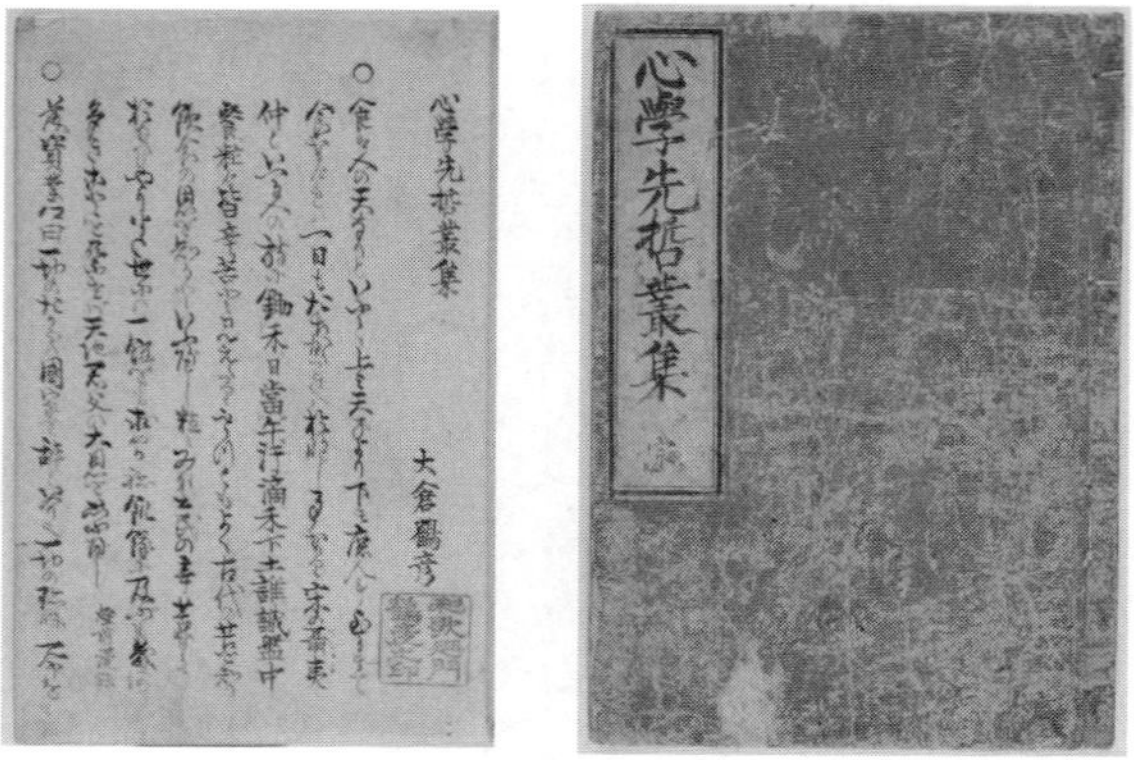

心学先哲叢集

大倉喜八郎（号・鶴彦）が単独で乾物・魚屋を営んでいた満22歳の頃、商売に関する訓言集を書き留めていた。これらを編纂したのが、『心学先哲叢集』（1860（万延元）年、手書き）である。2010年、東京経済大学が新版発行。

東京経済大学所蔵

30歳代前半の大倉喜八郎　『大倉鶴彦翁』より

1　余はいかにして失敗に処せしか

『実業之日本』第九巻第二二号

（一九〇六（明治三九）年一〇月一五日）に掲載

私が年少の時、奮然《ふんぜん》志を立てて郷里を出《い》で、上京して以来、ここに数十年の歳月を閲《けみ》(1)したが、この永《なが》き月日の間には幾多《いくた》の失敗もあれば、困難もある。甚だしきに至っては幾たびか生死の境に出入《しゅつにゅう》したることもある。而《しか》していかにしてこれ等の難関を踏破《とうは》し来《きた》ったかということについて、いささか御参考までにお話をしてみましょう。

逆運失敗、踵《きびす》(2)を接して来《きた》る

生死の境

御維新前《ごいっしんまえ》(3)のことであるが、尊王攘夷《そんのうじょうい》(4)の論が喧《かまびす》(5)しくなって、血腥《ちなまぐさ》き風が吹き荒《すさ》んだ際、

1　閲したは、時が経過したの意。
2　踵を接しては、次々と続いての意。
3　御維新は、明治維新のこと。46頁の注94「御一新」参照。
4　尊王攘夷は、天皇を尊び、外敵を討つ思想で、討幕運動の標語、スローガンとなった。192頁の注165「攘夷」参照。
5　喧しいは、やかましい、騒がしいの意。

私は横浜の外国商館に出入りして(6)銃器を買い入れ、これを大名諸侯方に売り込んでおったのである。ところがたちまちいわゆる尊王攘夷党のために発見するところとなって、「大倉は怪《け》しからぬ奴《やつ》である」という評判がパッと立って、私は彼等のために付け覗《ねら》われた。(7)何様《なにさま》人を斬るのを何とも思わなかった当時のことであるから、サアこうなると私の生命《いのち》は(8)風前の灯《ともしび》の如く危険至極《しごく》の有様であった。

山林事業の失敗

明治二十年頃のことであったが、私は山林事業の(9)忽諸《こっしょ》に付すべからざることを思ってこれに手を染めたところが、不幸にして失敗して少なからざる損失を被《こうむ》ったのである。

土木事業の危険

私が今日《こんにち》なお着手している土木事業には幾多失敗の歴史がある。元来この事業には成功もあれば亦《また》失敗も伴うもので、頗《すこぶ》る浮沈波瀾《ふちんはらん》の多き事業である。今日《こんにち》と雖《いえど》も常に浮沈を免

6　銃器を買い入れとは、大倉が一八六七年、三十歳頃、乾物・魚店で貯めた資金で大倉屋銃砲店を開いたが、そこでの業務のこと。
7　何様は、全くの意。
8　風前の灯は、危険にさらされて、今にも滅びそうなさま。
9　忽諸に付すべからざるは、疎（おろ）そかにしてはいけない、等閑（なおざり）にしてはいけないの意。この場合は、軽んじてはならない、必要であるの意。

かれぬのである。

失敗は日常のこと

以上列挙したるものの外《ほか》、私の永い実業的生涯に於いて幾多の失敗がある。今年と雖《いえど》も商売上に於いて失敗することは少なくない。失敗は(10)日常茶飯《さはん》のことといっても善《よ》いくらいである。

余が失敗の原因は如何《いかん》

さて、私の幾多の失敗について、原因を考究してみると、(11)大凡《おおよそ》左の点に帰するようである。

調査の(12)疎漏《そろう》

山林事業なり、土木事業なり、その他の事業など、私が時々失敗を為《な》すことがあるのは、

10　日常茶飯は、毎日あるようなありふれたこと。
11　大凡は、ほぼ、およその意。50頁の注121「大略」参照。
12　疎漏は、いい加減で、抜け落ちたところがあること。

全く調査が疎漏であったということに帰するのである。即ち山林事業の如き、私が(13)徒《いたずら》に学者、技師の言《げん》を(14)一概に信じて、更に(15)一段の(16)詳密《しょうみつ》なる調査をあえてせなかったからである。果たせるかな、着手してみると、事実は技師や学者の言《げん》とは相違しておるので、ついに失敗の止むなきに至ったのである。土木事業でも同じことで、天災地変は別として、普通なら調査さえ遺憾《いかん》なく、又疎漏がなく完全でさえあれば、いわゆる見込み違いというものがしないから、自然儲《もう》かるわけであるが、如何《いかん》せん調査に疎漏があったために、時々失敗をなしたのは(17)是非もない次第である。その他、日常の失敗も亦《また》多くは調査の不完全から(18)胚胎《はいたい》するようである。

適才の欠乏

私が様々の事業に失敗した原因はモウ一つある。それはその事業を経営するに適せる人(19)《じん》才《さい》を得なかったということである。換言《かんげん》せば、明敏達識《めいびんたっしき》で忠実勤勉なる人を得なかったの

13 徒には、無駄にの意。
14 一概には、皆と同じようにの意。
15 一段は、一層の意。
16 詳密は、行き届いていて、漏れているところが少しもないさま。
17 是非もないは、しかたがないの意。
18 胚胎は、原因や兆（きざ）しが生じること。
19 人才は、人材。才能があり、役に立つ人。後出の「適才」と同意。

である。事業の成否は多く人にあるので、適才《てきさい》を適所に用ゆれば必ず成功期《き》して待つべきものであるが、私は不幸にして適才を得なかったために、ついに山林事業なり、その他の事業に於いて時々失敗を招いたのである。

いかにして失敗に処せしか

従容《しょうよう》死地に入る[20]

尊王攘夷党から付け覘《ねら》わるるので、一時は甚だ薄気味悪かった。が、翻《ひるがえ》って思えば、外人に接近し、もしくは銃器を売買するということがドウして悪いか、自分は寸毫《すんごう》[21]も疚《やま》[22]しいところがなかったから、自らこれを信ずるところに従って進んで行くより外《ほか》ないと思い、かえって勇気百倍、眼中[23]敵を空《むな》しうするの慨《がい》[24]があった。左《さ》[25]りながら、空しく犬死《じ》

20　従容は、普断と同じように落ち着いているさまで、従容死地に入るは、落ち着いて、切羽詰まった窮地や危険な状態に臨むこと。98頁の「従容敵中に出入」と同意。99頁では「従容死地に出入」。
21　寸毫は、ほんの僅かなこと。98頁の注29「毫も」と同意。
22　疚しいは、良心がとがめ、後ろめたいの意。
23　敵を空しうするは、敵を気にしないこと。
24　慨は、困難にくじけない強い意志、気性のこと。気概。
25　左りながらは、然りながらで、そうではあるが、しかしながらの意。

にするのも愚かなる話であるから、私は常にピストルを携帯して、イザ[26]といわばこれを打ち放して敵を殺し、万[27]《まん》逃るるの途《みち》なきに及んで、始めて自分の生命《いのち》を敵に捧げようと、こう決心したのである。人間には決心ほど強いものはないので、私はこの決心を為《な》すと同時に、従容敵中《しょうようてきちゅう》に出入《しゅつにゅう》して、思う存分、外人より銃器を買い入れて大名諸侯方に売り込んだのである。

勝敗は兵家《へいか》の常《つね》[28]

山林、土木その他の事業なりに従って失敗したところで、私は毫[29]《ごう》も失望、落胆しなかった。勝敗は兵家の常。人類の歴史はいわゆる奮闘の歴史で、始めてこの世の中に生存して以来、何万年という永《なが》い月日の間、あるいは獣類と戦い、あるいは異人種と戦い、一刻も戦争は休止せないので、ついに今日の発達を来《きた》したのである。その間に在《あ》って失敗もあれば、又成功もある。失敗のたびごとに失望するようでは到底凱歌[30]《がいか》は挙げられぬのである。

26 イザといわばは、さあという場合、事件の起きた場合の意。
27 万は、ひょっとして、万一にも、どうしてもの意。
28 勝敗は兵家の常は、戦（たたかい）には全戦全勝はなく、勝つ時もあれば負ける時もあるの意。
29 毫もは、いささかもの意。97頁の注21「寸毫」と同意。
30 凱歌は、勝利を喜ぶ歌。232頁の注315「凱歌を奏する」参照。

故に私は失敗したところで毫も心配はせないので、徐《おもむろ》に(31)失敗の原因を探究して、これに処するのである。即ち失敗の原因は右に述べたように多くは調査の疎漏なると、人材を得なかったということに帰することが発見さるれば、次の時に於いて事業に着手するに先《さき》だちて、調査は出来得《う》るだけ精細《せいさい》、遺憾《いかん》なきを期し、又人才は機に乗じ、時に応じてこれを獲《え》んことを勉《つと》めるようにしている。

失敗の結果はいかになりたるか

死中に生を獲《え》

私は自己の信ずるところに従って従容《しょうよう》死地に出入《しゅつにゅう》したので、これがためにかえって生命《いのち》を拾ったのみならず、少なからざる利益を攫《さら》(32)えた。頼むべきは自信である。自信に従って邁《まい》往《おう》(33)直進せば、天下何物も成らざらんやである。世の紛々《ふんぷん》(34)たる毀誉褒貶《きよほうへん》(35)によって自

31 徐には、落ち着いているさま。
32 攫えるは、つかみ取ること。
33 邁往直進は、ひたすら進むこと。65頁の注182「勇往邁進」と同意。
34 紛々は、入り乱れて纏（まとま）りのないさま。
35 毀誉褒貶は、毀・貶（そしる、けなす）、誉・褒（ほめる）で、ほめたりけなしたりすること。

己の信念を二三[36]にする者の如きは到底大事を成すことが出来ない。私は生死の境に出入して、始めて自己の信念を確かめたので、自分の信ずるところは必ずこれを行い、紛々《ふんぷん》たる毀誉《きよ》によってこれを二三にせない決心を得ることが出来た。爾来《じらい》[37]今日に至るまでこの主義に励行《れいこう》している。

失敗は好《よ》き教訓なり

失敗は経験である。私は幾多の失敗によって多大の経験を獲《え》たので、この経験によって失敗に処し、又次いで着手すべき事業の経営に処したので、その結果は頗《すこぶ》る良好なる成績を得たのである。即ち自分の従来のやり方は調査の疎漏《そろう》と、適才を得なかったのに帰することを知ることが出来たため、私はこの経験によって土木事業の如きも、これを受け負うに当たって、特に調査の完全を期し、併《あわ》せて担当者の適才を得ることを勉めたるがために、従来に比すれば良好なる成績を示している故に、私は全く失敗の良師たるを信じて疑わぬのである。

36　二三にするは、色々に変えて一貫していないこと。
37　爾来は、その後、それ以来の意。

終りに臨んで、特に青年諸君のために一言《いちげん》したいことがある。それは幾多の失敗と逆運に遭遇し、しかも天涯地角《てんがいちかく》(38)頼るべきの人なきの時に当たって沈思黙考、「我は自ら自己の運命を開拓せん、断じて他人に依頼せず」という決心が湧然《ゆうぜん》(39)として心の底から起こったならば、モウ占めたもので、その人は必ず成功するに相違ないのである。失敗にその志を屈して他人に哀《あわ》れみを請うような薄志弱行《はくしじゃっこう》の徒《と》は、到底《とうてい》大事を成すことが出来ないのである。

38　天涯地角は、天の限り、地の果てのこと。この場合は、どこにもの意。
39　湧然は、盛んに沸（わ）き起こるさま。

2 予が七十年来の経験より推《お》して後進青年に警告す

『商業界』第一一巻第三号（一九〇九（明治四二）年三月一日）に掲載

予が成功に対する解釈

世の中の人は、偉い者になるのを成功だと思っている。しかしこれは大きな間違いである。成功ということは、決してそういうことではない。ごく些細《ささい》なことでも、一つ宛《ずつ》やって、それを(40)遺憾《いかん》なく仕遂げれば、それが即ち成功であって、こういうのが積もり積もって、大きな成功となるのである。商店の手代《てだい》などにしても、その受け持たせた仕事を遺憾なく仕遂げるのが、即ち立派な成功である。されば大きな倉庫《くら》を建て、大きな金持ちになることばかりが成功ではない。誰でも、最初からこういう大成功はすべきわけのものでなく、西洋でも日本でも、又昔も今も、大金持ち、大地主になったものは、小さな成功を幾つも

40　遺憾なくは、心残りがない、残念に思わないこと。

幾つも積んだのであって、天から降るか地から湧《わ》いたように、一時に(41)いろは庫《ぐら》を建て、大金《たいきん》を持って大地主になったものは、ただの一人もないのである。

石垣を積む時の心懸け

しかし、今の世の(42)青年輩《はい》の考えているところを見るに、何でも一時に大金を儲《もう》け、いろは庫《ぐら》を建てるのが成功であるかのように思って、そしてそれを現実にしたいとあせっているようである。こんなことを思っている青年は、決してそれを現実にすることが出来ないばかりか、小さな成功の一つも為し遂げるものではない。然《しか》らば成功するにはどうすればよいかというに、(43)一つ自分が今まで世の中に立って来た経験から、間違いのない確かなところを説こう。

成功しよう、出世しようというには、第一大切なのが真面目にやることである。自分の仕事、自分の職務を飽《あ》くまでも真面目にやって、信用を堅《かた》めて行けば、自ずと(44)一《いち》のしず

41　いろは庫は、江戸時代の豪商や地主が持っていた蔵のこと。
42　青年輩は、青年達の意。
43　一つは、試みに、ちょっとの意。
44　一のしは、一伸しで、少し延ばすこと。

つ延《の》ばして行くことが出来るので、例えば石垣を積む時に、基礎《どだい》の方からキチンキチンと積んで行くと、遂《しまい》には揺がぬ、立派な石垣が出来るが如きそれと同じで、一のしずつ延ばして行って、ついに最後の立派な成功を得る身となるようにしなければならぬ。

悪魔を打破する大勇気

ところが、自分が仕事をして、世の中に知られるような身となりたいと、若い者は誰でも思っている。だがその精神を砕《くだ》く悪魔があって、成功の道に待ち伏せをし、失敗の道に誘《いざな》って行こうとする。ここで一歩踏み迷って、失敗、堕落の淵《ふち》に陥ってしまうのであって、この場合、勇気に富み克己心のある人でないと、その悪魔の立ち塞《ふさ》がっているのを破って進むことが出来ない。それで、結句《けっく》(45)、辛抱強い者が勝ちを得てズンズン進み、弱い者はもろくも敗けて失敗の道に入ってしまうのである。而《しか》してその悪魔の力も、世の進むと共に強くなっておるから、大勇気をもって進まないと到底勝つことが出来ないのである。

45　結句は、とどのつまり、結局の意。挙句（あげく）の果て。

成功に時勢を説くの愚

青年輩《はい》がいうのを聞くと、昔と今と時勢が異《ちが》っているから、金は儲《もう》けられないとか、大成功をすることは出来ないとかいっている。しかし昔も今も同じことで、勇気のない者は失敗している。昔だからとて、十人が十人まで、大金持ちになって大成功した者はない。やはり失敗してしまって、食うや食わずの境遇にいる者もある。今もやはり大金持ちになっている者もあるし、大成功した者もあり、失敗している者もある。時勢がどうのこうのというような青年は、即ち弱者であって、そんな⑷⑹弱音《よわね》を吹いている内に、勇気のある青年はドシドシ前進している。で、昔も今も、成功の大要素は、真面目と勇気の二つにあるのである。これは、余が今日まで世に処《しょ》して来た経験が教えたのである。

46　弱音を吹くは、弱音を吐く、意気地のない言葉を吐くこと。

3 惰民[47]《だみん》を作る慈善主義に反対して教育事業を興《おこ》せし余の精神

『実業之日本』第一三巻第二六号
（一九一〇（明治四三）年一二月一五日）に掲載

仏国の富豪、乞食《こじき》の裕福に驚く

名は忘れたがフランスのある富豪が慈善事業に志《こころざし》を起こし、まず貧民社会の事情を知らんがため、自ら乞食に扮装してその一群に身を投じた。ところが意外にも乞食の生活は大概《たいがい》裕福で、貰《もら》っては食い、食うては眠り、[48]一として不幸というものは見当たらぬ。殊《こと》に中には多大の貯金をしているものもあり、それを、資本に金貸しをして大いに裕福を誇っている輩《やから》もあるというので、その富豪も[49]事の外《ほか》驚き、これは[50]飛《と》んでもないことだ、彼等を恤《あわ》れむなどということは、かえって惰民を養成するようなものであるといって、つい

47 惰民は、怠け者のこと。
48 一としては、少しもの意。
49 事の外は、殊の外で、思いの外のこと、意外の意。
50 飛んでもないは、途（と）でもないから転じた語で、途方もない、冗談ではないの意。

に貧民慈恵[51]の念を断ち、教育事業に金を投じたということである。

お救《すく》い米《まい》を断った余が魚屋時代の独立心

実は私も兼ねて[52]思っていることだ。全体[53]、慈善慈善といって貧民を賑《にぎ》わす[54]そうということは悪いことではないけれども、それがかえって惰民を養うことになるから甚《はなは》だ心許《こころもと》ない[55]。忘れもしないが私が維新前、下谷《したや》上野町に小さな魚屋を開いた頃[56]、飢饉[57]でお救い米を下さるという沙汰《さた》[58]があったが、私は貧乏はしてもまだこの腕がある以上は断じてお救い米などを貰うようにないといって、キッパリ断った。ところが長屋中の甲乙《たれかれ》[59]

51　慈恵は、慈（いつ）くしみ、恩恵を施こすこと。
52　兼ねては、予（か）ねてで、前々からずっとの意。
53　全体は、ここでは、元々、一般的にはの意。
54　賑わすは、富ます、恵むの意。
55　心許ないは、心が落ち着かない、気掛かりの意。
56　一八五七年春、満十九歳で江戸上野（後の下谷上野町二丁目三番地）に開業した乾物店大倉屋のことで、干し魚の他、生魚や、塩鮭等も扱っていた。147頁の注244参照。
57　飢饉は、安政飢饉（一八五八年）のことで、お救い米は、飢饉や災害時の困窮民に幕府、領主、富豪等が与えた救助米のこと。
58　沙汰は、知らせ、指示のこと。
59　甲乙は、誰と限らずあの人たちの意。

は赤貧《せきひん》[60]でもない身分をしながら、貰わぬが損といって貧民の中に交《まじ》わり、笊《ざる》や嚢《ふくろ》を提《さ》げて貰《もら》いに行ったのを見て、私は人情の浅ましきを歎じたことがある。慈善ということもやりかた次第では人を益し世を利することになるが、まあたいていこんなお救い米同様、人に依頼心を起こさせ、独立して飯を食う精神を鈍らせるようになるから、私はこういう慈善主義には昔から反対しているのである。

貧者に金を与うるが慈善でない

もし人の独立心を鈍らすような金の使い方をしたなら、その金は人を毒するものであって、その慈善行為は人を禍《わざわい》に導くに外《ほか》ならぬ。仏国の富豪が乞食の不幸を救わんと欲して、まずその群《むれ》に投じ、彼等がいかなることを訴えているかを見んとしたところが、何《なん》[61]ぞ図《はか》らん、彼等は他人の汗を絞った金で衣食し、贅沢《ぜいたく》な生活を営んでいるのを見たではないか。

故に私は真個《しんこ》[62]の慈善は貧者に金を与うるにあらずして、独立の生活を与うるに在《あ》りと信じている。独立の生活を与うるには、独立の職業を与うるに在りと信じている。独立の

60 赤貧は、ひどく貧乏なこと。
61 何ぞ図らんは、思い掛けなく、考えたこともなかったの意。
62 真個は、真の、本来的の意。

職業を与うるには、まず彼等を教育するに在りと信じている。則ち青年を教育するということは国内の惰民《だみん》を減少し、一国の繁栄を来《きた》すべき最大の慈善事業と信じているのである。

独立の生活を与うるこそ真個の慈善

慈善事業にも消極的と積極的との二つある。真に不幸なる境遇にいる貧民に金品を与えることは消極的慈善事業であるが、打ち棄てておけば貧民になるべき運命を持っているものを、貧民にならぬよう新しき教育を施してやるということは、則ち積極的慈善事業ではあるまいか。私の慈善主義は則《すなわ》ちこの積極的に在《あ》る。

この主義からして、私は明治三十一年、私の還暦祝いと私夫妻の(63)銀婚祝いとを記念に、(64)大倉商業学校を創立することとなった。その時、私はこう思った。自分も十八の時、郷里を出《い》で、六十一になるまで随分苦労して金を作ったが、世間の例を見るに、子孫のた

63　銀婚祝いは、結婚後二五年経ったことの祝い。
64　大倉商業学校は、財団法人大倉商業学校が一八九八（明治三一）年に設立され、二年後に開校された。

めに[65]美田を買うておくと、その子孫は父祖の恩沢《おんたく》に[66]狃《な》れて[67]遊蕩参昧《ゆうとうざんまい》に耽《ふけ》り、[68]碌《ろく》なものにはならぬ。これは要するに子孫が独立して飯を食うということを知らぬからだ。

その罪もとより子孫にもあるが、主として資産をただで渡す父祖なるものが悪い。子孫にして、もし富が欲しくば、自分で働いて取るがよい。自分はこの金を子孫に譲ろうとは思わぬ。生きている内に思う存分事業に投じて国運の発展に[69]資《し》し、余力を公共事業に注いで元の[70]赤裸《あかはだか》で死ぬる覚悟である、と思ったから、幸《さいわ》い還暦にも中《あた》る、銀婚にも当たっている、そこで[71]第一着手として大倉商業学校を開いた。

八百に近い子供が四方《しほう》に散在している

開校当時は資金一年に[72]十万円宛《ずつ》、六十五歳まで五十万円を支出することとし、これを

---

65 美田は、地味のよく肥えた田地のことで、美田を買うは、ここでは、財産を残すこと。
66 狃れては、慣れて。
67 遊蕩参昧は、酒や女遊びに浸（ひた）ることで、参昧は、三昧。
68 碌なは、真当（まっとう）な、しっかりした意。
69 資すは、助ける、寄与するの意。
70 赤裸は、丸裸のこと。財産等、何もないの意。
71 第一着手は、最初に取り掛かること。
72 十万円は、現在のおおよそ十億円に当たるとみてよい。

実行したが、今では大阪の大倉商業学校、京城《けいじょう》の善隣商業学校を合わせて約百万円の私産が投ぜられている。

私の教育方針は理論に巧《たく》みな人を作るよりも、実際に長《ちょう》ずる人を養うに在《あ》る。故に教科目も教師も出来る限り実際主義を主とし、各般の設備も(73)斬新《ざんしん》を趁《お》うて遅れないようにしている。先日、開校十年記念式を挙行した時の現在生徒が八百六十四名で、十年間の卒業生合計七百八十九名に達している。端《はし》から端を旅行して、私の学校出身者が尋ねてくれるのを見るごとに、自分の微力で養成した子供が四方《しほう》に散在して独立の生活を為《な》し、国家の役に立っているかと思うと、誠に愉快に堪えない。

73　斬新を趁うは、極だって新しいことを追う、例のないことをするの意。

4 商人となるべき青年の羅針盤

『貿易』第一四巻第一号
(一九一三(大正二)年一月一五日)に掲載

いかなることが商人の修養に必要であるか、というお尋ねに対してお答え致しますが、この質問は、将来我が日本の経済界を背負って立つべき幾万の青年に船出の羅針盤を与えたいという趣意と考えますから、演繹《えんえき》的[74]、抽象的に自分免許[75]の結論を申し上げるよりも、帰納的[76]、具体的に世界の大実業家、もしくは大発明家の実例を挙げ、その言行を引証して、私は将来の大商人たらんと舟出する青年に、六個の羅針盤を餞別《せんべつ》[77]したいと考えます。

その第一の羅針盤は、一事業に精力を集注することである。第二の羅針盤は、大志小心なるべきことである。第三の羅針盤は、労働を無上の幸福、快楽と考うべきことである。第四の羅針盤は、いかなる困難も笑って処理すべきことである。第五の羅針盤は、決して

74 演繹的は、組み立てた理論から具体的なことを説明するさま。
75 自分免許は、自分独自の意。
76 帰納的は、具体的な事柄から理論や法則を導き出すさま。
77 餞別するは、行く人、別れる人に品を贈ること。はなむけ。

借金すべからざることである。第六の羅針盤は、時々刻々を自己の生涯と心得《こころう》べきことであります。

以上六個《か》条の羅針盤は、啻《ただ》に実業界に舟出する青年のみに限らず、総ての青年に対する好個の羅針盤で、その一個条を守るもなお能《よ》く[78]成功の彼岸《ひがん》に達するは必然であろうと考えますから、以下、一個条ごとに実例を挙げてこれを説明致しましょう。

第一　一事業に精力を集注すること

世界の[79]金剛石王と尊称せられたセシル・ローズ。英国の[80]片田舎の貧乏な牧師の息子であったと聞くが、若い時、身体が弱くて医者からは肺病の宣告を受け、妻帯すれば寿命なしとまでいわれた。そこで当人はとても長生きは出来ぬから、短く大きな事業を世に残したいと考え、アフリカに飛び出して金剛石の山を見つけ、これを借り込んで儲《もう》かる、

78　成功の彼岸に達するは、事業を目的通りに成し遂げること。
79　金剛石は、ダイヤモンドのことで、英国のセシル・ローズ（一八五三～一九〇二）は、その採掘で莫大な富を得、南アフリカの政治・経済の実権を握り、ケープ植民地の首相となった。
80　片田舎は、都会から離れた、辺鄙（へんぴ）な村里のこと。

又借区《しゃっく》(81)する、又儲かるという風で、ついに金剛石の大山を借区し、非常の大英断で(82)六千マイルの電線を引き、(83)電信往復で事業を拡張し、金剛石王となってロンドンに帰ると、所々に宴会に招待され、孰《いず》れも盛会で、花の如き幾千のロンドンの令嬢はローズの後にくっ付いて歩いたが、女に関係すると寿命がないと宣告された彼は、逃げて歩行《ほこう》したということである。

　ローズに学ぶべきところは、彼の(84)才幹《さいかん》とその財産をもって何事に関係すとも可《か》ならざるはなしという地位に在りながら、(85)一意専心《いちいせんしん》、一事業に精力を集注して生涯、他のことを顧《かえり》みなかった点に在《あ》る。少し智恵があると直ぐに(86)五、六足の草鞋《わらじ》を穿《は》き、草鞋ばかりで満足が出来ず、(87)陣笠《じんがさ》まで被《かぶ》るような人物は、ローズの眼からは憐れむべき人間で、とても大成功は覚束《おぼつか》ないから、将来の大商人たらんとする青年は(88)須《すべか》らく、一事業に精力を集

81　借区は、鉱山用語で、鉱山のある地域を借りること。
82　六千マイルは、約九六〇〇キロメートル。
83　電信往復は、ローズが推進したアフリカ縦断政策のことか。アフリカ南端のケープタウンと、北端のカイロとを電信線と鉄道で結ぼうとしたイギリスの植民地政策。
84　才幹は、才能、腕前のこと。
85　一意専心は、一つのことに心を集中させること。41頁の注77「専心一意」と同意。
86　五、六足の草鞋を穿くは、同じ人が両立しないような業を兼ねる意の「二足の草鞋を穿く」を更に強めた意か。
87　陣笠まで被るは、主義、主張を持たず追従すること。
88　須らくは、是非とも当然の意。

注するの覚悟がなくてはならぬ。

第二　大志小心なるべきこと

国家に功労があって国葬せられた英国人は[89]ウエストミンスタア・アベイかセント・ポールの寺院に葬られている。前述のセシル・ローズが、かつてロンドンからアフリカに向かわんとして、その出発の前日、これ等《ら》偉人の墓に詣《もう》でんため、セント・ポールの寺院に往《い》ったが、時間が少し遅れたため、当番の巡査がどうしても内《なか》に入れない。ローズは明日《あす》出発のことを話して[90]懇々《こんこん》頼んだが巡査[91]頑《がん》として応じない。

そこでローズは巡査に向かって、お前は今、私を拒《こば》んで内に入れないが、私が今度死んでここに来る時は、お前は決して拒《こば》むことは出来まいといってアフリカに出発し、生涯セント・ポールの寺院内に足を入れず、死後国葬を受けてその言《げん》の如くセント・ポール寺院内に葬られたというが、将来の大商人たらんとする青年は、この意気、この抱負、この大

89　ウエストミンスタア・アベイは、ロンドンにあるイギリス王家直属の寺院、セント・ポールは、ロンドン教区の中心寺院。
90　懇々は、懇（ねんご）ろに、心を込めて丁重にの意。
91　頑としては、飽くまで、断固としての意。

志がなくてはならず。しかし意気ばかり壮《さか》んで、抱負や志《こころざし》ばかり徒《いたずら》に大きくては失敗の基《もと》であるから、心は小にして細心翼々《さいしんよくよく》(92)、万事に注意するところがなくてはならぬ。

プラット(93)といえば英国一の紡績機械の製造所で、私が主人のプラットと会見した時も客室に上等の紙巻煙草《たばこ》が出してあった。その煙草を吸いながら何十万円の商談を調《とと》(94)えて、さて吸殻を灰吹《はいふ》(95)きの中へ捨てようとすると、主人のプラットはちょっとお待ち下さい、どうかこれに載《の》せて下さい、といって吸殻のツレイ(96)を出した。何故そうするかと訊《き》くと、吸殻を集めて残りの煙草を刻《きざ》み煙草として職工に与え、これを大きなパイプで吸わせて喜ばせるのだといった。何千万円の財産家が何千万円の商談をしながら、金口《かなくち》(97)一本の吸殻に注意して無益に灰吹を捨てさせないのを見て、私は大いに感心して、勿体《もったい》ないことを知らぬ人間は到底成功しないと思った。将来の大商人たらんとする青年は、須《すべか》らくその志、その抱負、その見識はセシル・ローズの如く高かるべく、而《しか》して万事に細心注意して、塵《ちり》一本たりとも無益に捨てない心掛《が》けはプラットの如くならなければならぬ。

92 細心翼々は、細かなところまで注意深く、用心深いこと。
93 プラットは、英国ランカシャーにあり、第一次大戦までは世界最大の紡績機製造会社で、早くから製品を日本へ輸出し、多くの日本人技術者がそこで学んだ。大倉の訪問は「商談を調え」とあるので、一八八四年か一九〇〇年のことと推測される。
94 調えるは、交渉を纏めること。
95 灰吹きは、タバコの吸殻入れ。
96 ツレイは、トレイ。吸殻入れ。
97 金口は、キセルの金属部分の吸い口のこと。

第三　労働を無上の幸福と考うべきこと

スコットランドのクライドバンクは造船所の中心で、十幾軒の大造船所が軒《のき》を並べているが、その中に(98)サイモンスという浚渫《しゅんせつ》船専門の造船所がある。老主人のサイモンスは小工場主から大造船所長に成り上がった人で、その紀念にか、手の(99)拇指《ぼし》を一本亡くしている。これは小工場の時、自分が職工として働き、機械に挟《はさ》まれて亡くしたということであるが、(100)私のこの造船所を訪問した時は、サイモンスが八十四歳で、その四人の息子は孰《いず》れも立派な紳士で、職工長として活動していた。然《し》かるに八十四歳の老主人が毎日煙だらけの工場に通勤するというのを聞いて、(101)一騎当千の息子を四人も有《も》ちながら、それほど老体を煩《わずら》わすに及ぶまいと尋ねたところが、老主人は若い時から労働を愉快に考えて幾十年の習慣となった結果、この煙だらけの工場を一巡するが何よりの愉快で、毎日一度ここに来ないと食事も旨《うま》くなく、夜も快《こころよ》く寝られないという話であった。

98　浚渫船は、水底の土砂を取り除く専用船。大倉が創立した日本土木会社は、一八八八年、サイモンス社から同船を輸入している。サイモンスの生没年は不詳。
99　拇指は、親指。
100　大倉は、一八七二〜七三年にスコットランドを訪れており、その時のことか、あるいは後の一八八四年、一九〇〇年の二回の訪英時でのことと思われる。
101　一騎当千は、一騎で千人を相手に出来るほど強いこと。屈強。

これと同様な話はドイツの[102]二代目クルップである。この人は十四の時、初代クルップより四、五人の職工を使用する小工場を遺産として受けたばかりで、ついに今日のクルップ会社に仕上げた人であるが、この人の言葉に、「労働の目的は社会一般の福祉に過ぎず、労働は幸福を齎《もた》らし、労働は神意に適《かな》う」というのがあって、ついにクルップ家の[103]家憲となっている。クルップの如く、サイモンスの如くに、労働を幸福、愉快と感じて活動したならば、これが結果はただ成功あるのみである。

第四　いかなる困難も笑って処理すること

[104]松方侯《こう》が[105]カーネギーに会見した時に、彼語りて曰《いわ》く、「いかなる困難にても笑ってこれを処理するものにあらずんば成功せず」と。これは実に味わうべき言《げん》で、[106]世路《せろ》の艱難《かんなん》、

102　二代目クルップは、アルフレート・クルップ（一八一二～八七）のことで、早逝した父、フリードリッヒ・クルップ（一七八七～一八二六）から工場を譲り受け、ドイツ最大の鉄鋼及び兵器会社を創った。
103　家憲は、家族・子孫の守るべき掟（おきて）。家訓。
104　松方侯は、松方正義（一八三五～一九二四）で、日本の政治家・財政指導者、二度、首相（一八九一～九二、九六～九八）を務めた。
105　カーネギーは、アンドリュー・カーネギー（一八三五～一九一九）のことで、米国の実業家で鉄鋼王といわれ、また慈善活動家でもあった。
106　世路は、世渡りの道で、艱難は、辛いこと。

人情の(107)反覆(108)儘《まま》ならぬが即ち浮世で、立腹慨嘆、憤慨すべきことは多いが、それを(109)一に立腹慨嘆していた日には何事も成せるものでないから、将来の大商人たらんとする青年は須《すべか》らく、いかなる難事に際会しても、笑ってこれを処理する(110)底《てい》の修養が肝要である。

107　反覆は、ここでは、裏切ること、変心して信義を破ること。
108　儘ならぬは、思う通りにならないこと。
109　一には、いちいちの意。
110　底は、程度のこと。

第五　決して借金すべからざること

石油王ロックフエラーが青年を訓戒したる言《げん》に曰《いわ》く、「余は少年時代の独立独歩の境遇を回顧して頗《すこぶ》る愉快に堪えず。余は決して負債を起こしたることなし。余が青年に向かって熱心に忠告せんと欲するところのもの、必ず自家の収入以内の生活をもって満足し、決して債務を負うなからんこと。これなく青年が出世前路に於いて債務を負うほど危険なるものはあらじ」と。実に(111)千古の名言で、借金は独立自尊の英気を沮喪《そそう》し、自主自由の活動を束縛すること夥《おびただ》しいものであるから、将来の大商人たらんとする青年は断じて借金せざるの覚悟がなければならぬ。

第六　時々刻々を自己の生涯と心得《え》ること

大発明家たる(112)エジソンの大嫌いなものは時計で、懐中時計を持って歩かないのは無論、その邸内の目に触れる所に時計を掛けさせない。エジソン崇拝の英国紳士がその児《こ》のため

111　千古の名言は、70頁の注196「千古の格言」と同意。
112　エジソンは、トマス・アルバ・エジソン（一八四七～一九三一）で、米国の発明家・電気事業者。大倉はエジソンと一九二六年に数度、文通している。

に、一生涯を支配すべき教訓を与え給《たま》えと乞《こ》うた時、エジソンは微笑を湛《たた》えて優しくその児の頭を撫《な》でながら、「善《よ》い児だね。一生涯決して時計を見るんじゃないよ」といった。

エジソンの時計嫌いを時間に頓着しないと思うのは普通の見方であるが、私はこれを反対に、エジソンが非常に時間を重んじ、時々刻々を自己の一生涯と心得《こころえ》、その生涯中にこの世に遺《のこ》すことがいまだ足らないと(113)思惟《しい》する結果、時計の針の進み行きて光陰《こういん》人を待たざるに係《かかわ》らず、自己のなすべき天職のいまだ充分に成し遂げられないことを切《せつ》に感ずるために、時計嫌いとなったものと見るのである。

将来の大商人たらんとする青年は、その時間を尊重する結果、エジソンの如く時計嫌いとなって活動せば、成功期《き》して待つべしである。

113　思惟は、深く考えること。

5 (114)名人上手となるの秘訣《ひけつ》(115)皆伝《かいでん》

『実業之日本』第一七巻第一六号
（一九一四（大正三）年八月一日）に掲載

名人とは命懸《が》けに修業せる人

世の中に何芸に限らず、名人上手《じょうず》となるには、いかなる心掛けが必要であるかという御尋ねでありますが、昔から名人上手と伝えられた人達の事績を尋ぬれば、かような考えが浮かぶ。仮令《たと》えば工芸なり、絵画なり、(116)音曲《おんぎょく》なり、遊芸なりで、名人上手と世に謳《うた》われた人達の苦心奮励《ふんれい》はなかなか容易ならぬもので、孰《いず》れも命懸けで研究の功を積み、稽古を励み、(117)百折不撓《ひゃくせつふとう》、千挫不屈《せんざふくつ》、一歩一歩に名人上手の頂上まで漕ぎ付けた人達のみである。

114 名人上手は、他の人以上に優れた技能を持っている人のこと。
115 皆伝は、師から奥義の総てを伝えられること。
116 音曲は、三味線等による音楽で、遊芸は、音曲も含む遊びの芸能のこと。
117 百折不撓、千挫不屈は、共に幾度失敗しても志を曲げないの意。

これに反して(118)天才器用に任せ、一生懸命に稽古練習を励まぬ者は、一時(119)僥倖《ぎょうこう》に持て囃《はや》されても、俗にいわゆる十歳《とお》で神童、十五で(120)才子、二十四、五からただの人となり終って、ついに名人上手の門戸《もんこ》にすら達することが出来ない。

名人とは数を重ねたる人

これは何によって然《しか》るかというに、何芸によらず名人上手となるには、(121)詮《せん》ずるところその芸に数を積み、度を重ね、練磨習熟、技芸と心身と相合《あい》致して、(122)不就不離《ふしゅうふり》の蔗境《しょうきょう》に達し、芸が身か、身が芸か、渾然《こんぜん》融和、一あって二なき(123)入神の妙《みょう》を発揮するまでに進まなければならぬからで、天才器用と称せらるるものは、とかくこの大切の研究工夫を忽《ゆるが》せにするから、最後の勝利を(124)贏《か》ち得ないのである。

この数を積み、度を重ねるということが、万芸の秘訣皆伝で、昔からの名人上手誰《だ》れ一

118　天才器用は、生まれ付いて持っている物事をこなす能力のこと。
119　僥倖は、偶然に得る幸せのこと。
120　才子は、目立った才能がある人のこと。
121　詮ずるところは、突き詰めて考えてみる、結局、つまりの意。
122　不就不離の蔗境は、物事が一体となって、次第に面白くなるさま。
123　入神の妙は、神技かと思うほど技術が優れていること。入神の技。
124　贏つは、勝つ。

人として、この秘訣を実行しない者はない。彼《か》のいわゆる読書百篇、義自ら通ずるとあるは、独《ひと》り読書に対してのみの真理ではない。

近い実例を挙げて申せば、近来三味線の名人上手といわれたる彼《か》の(125)団平《だんぺい》や吉兵衛《きちべえ》である。彼等は名人上手となって後《のち》もなお、毎朝起きると用の有無《うむ》に係らず、一貫目もある鉛の重い撥《ばち》で三味線の(126)練修をして、一日も欠かしたことはない。こうしておくから、本当の坐敷へ出た時はその手が自由自在に軽く運ぶ。この一例から推し量《はか》るも、後世に名人上手の名を残す人々は、人一倍に刻苦精励して、復習練磨に数を積み、度を重ね、その受け持ちの技芸の(127)蘊奥《うんのう》に達したことが解《わか》るのである。

実業界の名人となるには

独《ひと》り芸術の上のみならず実業界に於けるも亦《また》同様である。凡《およ》そ人間(128)天賦《てんぷ》の智識は、たいてい程度のあるもので、生まれながらにして(129)左程《さほど》天地隔絶《かくぜつ》のあるのではないが、ただ

125 団平は豊沢団平、吉兵衛は野沢吉兵衛のこと。
126 練修は、練習。
127 蘊奥は、学問、技芸等の奥義、極意のこと。
128 天賦は、生まれつきの意。
129 左程は、然程で、それほど、たいしての意。

その人々の心懸《が》けよう一つで、成功と失敗、貧富と栄辱《えいじょく》[130]が岐《わか》れるのである。

我々の実業界に於いても、彼《か》の芸術の名人上手が為《な》した如くに、自己の業務を天職と心得《え》、人一倍その業務に刻苦精励し、一生懸命に工夫練磨の功を積み、側目《わきめ》[131]も振らず、真一文字にその目的に邁往《まいおう》直進したならば、実業界の名人上手となるは必定《ひつじょう》[132]、数を積み、度を重ねるという芸術界の秘訣皆伝《かいでん》は移して、もって実業界に適用し得べきものである。

然《しか》るに当世の青年を見るに、中には勉強家もあるが、又不勉強な人も少なくない。安逸《あんいつ》[133]を求め、困難を避け、自分は智恵があるから、人一倍安逸懶惰《らんだ》して成功しようと考えているが如き傾向あるは不心得の骨頂《こっちょう》[134]である。刻苦勉励、積数重度《せきすうじゅうど》[135]が実業家の名人上手たる秘訣皆伝たると同時に、安逸懶惰は実業界に於ける不成功、失敗の道標であるということは、将来我が実業界の名人上手たらんとする青年の肝銘《かんめい》[136]すべき金科玉条《きんかぎょくじょう》である。

130　栄辱は、誉（ほまれ）と辱（はずかし）めのこと。
131　側目も振らずは、脇見をしないこと。
132　必定は、そうなるに決まっていること。
133　安逸は、何もせず遊び暮すこと。65頁の注185「懶惰」参照。
134　骨頂は、はなはだしい、この上ないこと。
135　積数重度は、何度も繰り返し、努力を重ねること。
136　肝銘すべき金科玉条は、絶対に守るべきこと。

憐《あわれ》むべき人間の知力

この三伏《さんぷく》(137)の酷暑に係らず、どういう心懸けで私が勉強しているかという御尋《おたず》ねは面白い。私の信念覚悟はこうである。

宇宙は宏大無辺、天地は恒久無限、国亡ぶるも山河在《あ》り、人滅するも日月依然(138)中天に懸《か》かる。幾千年来、人間蓄積の智力は、宇宙幾多《いくた》の秘密を解決し得たが、いまだほんの一小部分よりに過ぎない。文明人なりと誇る人間の智力をもってすら、野に咲く草木の花一輪、葉一片だにも天然と同一のものを造る智力はないのである。況《いわ》(139)んや人間の寿命は、今日の文明人も太古《たいこ》の野蛮人同様、如電如露《にょでんにょろ》(140)、朝夕をも測ることが出来ない。この頼みなき寿命の人間の浅い狭い智力をもってしては、到底《とうてい》宏大無辺の宇宙の秘密を悉《ことごと》く解釈し得ることの出来ないのは無論である。

137 三伏は、夏の最も暑い時期を指す言葉。
138 中天は、天の中ほどのこと。空中。
139 況んやは、言うに及ばずの意。まして。
140 如電如露は、電光や露が儚（はかな）いように、この世の総ては儚いの意。223頁の注280「如電朝露」参照。

余が推奨したき無銭避暑法

果して然《しか》らば、かかる宏大無辺、不可解の宇宙の裡《うち》に生息する我等人間はどうすれば好いかというに、その天職本分を一生懸命に努めるの他《ほか》はないのである。自己本業以外のことに干渉したり、心配するよりも、一生懸命に自己の本分を尽くし、天職とする業務に向かって、真一文字に邁往《まいおう》奮進する方が、どれくらい優《まさ》っているか測り知れぬのである。私の流儀は即ちそれだ。自分の本分とし、天職と信じている業務に、熱心忠実に、既往《きおう》幾十年の(141)春秋《しゅんじゅう》を一日の如くに奮闘して来た積り、なお将来も奮闘する積りである。この限りなき奮闘中に限りある(142)命数《めいすう》尽きて、(143)青苔《せいたい》の墓場の土となれば愉快、幸福この上もないことである、(144)安心立命《あんじんりゅうみょう》である。

私の業務は実業であるから、政治上その他、職業以外のことには、かつて手を出したこともなければ、又干渉しようとも思わぬ。ただ一意専心《いちいせんしん》、私の天職とする実業の発展を図り、いささかもって君国のために貢献したいというのが、私の(145)年来の希望である。私は

141　春秋は、年月のこと。
142　命数は、生命の長さ、または命のこと。
143　青苔の墓場は、苔むした墓のことで、誰も寄りつかない、儚いさま。
144　安心立命は、心を安らかにして身を天命に任せ、どんな場合にも動じないことで、儒学や禅宗の語として使われている。
145　年来は、長年の意。

この目的のために、常に自分の腕一杯、根限《こん》り(146)、命賭《が》けの活動を継続している積りである。この信念あればこそ、日々の活動、奮闘も苦にならないのみならず、これが何よりの楽しみである。一生懸命夢中になって活動していれば、自然寒さも感ぜず、暑さも忘れてしまうのである。盛暑の頃になれば誰しも暑いが、身体を懶惰《らんだ》にしていればかえって暑い。一生懸命に業務に勉強していれば、自然その方に気を取られて暑いのも忘れてしまう。私は後進の青年実業家にこの有効の無銭避暑法を推奨したい。

146　根限りは、全力を傾ける、根気の続く限りの意。

楽しんで仕事をする

更に付言しておきたいのは、仕事をするには楽しんでこれに従事するが(147)肝要である。私は日々愉快に業務に鞅掌《おうしょう》している。これも畢竟《ひっきょう》、身体壮健の賜《たまもの》である。身体が虚弱なれば、どうしても悲観的になって不平病に罹《かか》り易《やす》く、怠慢勝ちに流れ易い。気ばかり焦燥《あせ》っても、仕事に精が出ぬ。名人上手となる資格に欠けるわけであるから、私は前途有望の青年に向かって、常に身体の鍛錬に心掛けんことを希望し、併《あわ》せて読書を推奨したい。

人間は日々に新たに、日々に進歩するが必要で、特に青年にとっては(148)日新《にっしん》の智識はその生命《いのち》である。完全なる日新の智識を得るには、(149)実験の智識の他《ほか》に読書の智識を補足しなければならぬ。(150)益《えき》にも立たぬ遊戯に耽《ふけ》る暇《ひま》があらば、大いに読書して日新の智識を修得せんことは私の切望するところで、要するに実業界並びに技芸界の名人上手となると否《いな》とは、孰《いず》れも一にその人の心掛け如何《いかん》にある。

147　肝要は、最も重要なこと。35頁の注49「肝心」と同意。
148　日新は、日ごとに新たになること。
149　実験の智識は、実際の経験から得た知識のこと。217頁の注238「実験上より」参照。
150　益にも立たぬは、役には立たぬの意。

6　心の真底《しんそこ》から必要を感じた努力

『実業之日本』第二三巻第一三号
（一九二〇（大正九）年七月一日）に掲載

努力三昧《ざんまい》で最後の勝利

維新前後に於ける我が邦《くに》経済界の状態とこれに対する老生《わたくし》の決心《けっしん》と覚悟、並びに奮闘、努力の有様はどうであったか、という御尋ねに対して御答え致しますが、御承知の如く、維新前後は天下のこと、皆、(151)薩長土肥《さっちょうどひ》といったが、実は土肥は(152)伴食《ばんしょく》同様、悉《ことごと》く薩長二藩の意見で決したという有様でありました。

昔、(153)浄海入道《じょうかいにゅうどう》清盛の、その威《い》を天下に揮《ふる》った時、(154)大納言時忠《だいなごんときただ》は、「平氏に非《あら》ざれば人に非ず」と(155)傲語《ごうご》したが、それと同じく、維新前後は薩長に非ざれば人に非ずというよう

151　薩長土肥は、薩摩・長州・土佐・肥前の四藩のこと。218頁参照。
152　伴食は、ここでは、要職にあっても実権がないことを指す。
153　浄海入道清盛は、平清盛（たいらのきよもり、一一一八〜一一八一）。出家後、法号を太政入道浄海とした。入道は、仏道に入った者をいう。
154　大納言時忠は、清盛の後妻の弟、平時忠（一一三〇〜八九）。大納言は、律令制で左・右大臣に次ぐ位の官職。
155　傲語は、自信たっぷりに大それたことを言うこと。豪語。

な状態で、これが独《ひと》り政治上のみならず、経済上、商業上にもやはりその通りでありました。

そこで老生の如き越後あたりから江戸に飛び出して、なんら薩長と縁もゆかりもない者が、飛ぶ鳥を落とす勢力の薩長商人と[156]覇《は》を争うなどは思いも寄らぬことであって、我々の[157]建白になったことでも、好《よ》いことは皆、薩長の商人に奪《と》られてしまうという次第でありました。

かかる時世に徒《いたずら》に[158]神経を起こして興奮したり、無暗《むやみ》に腹を立てて世を憤《いきどお》ったところが、とても通るものでないから、老生は男らしく諦《あきら》めて、我が運命拙《つた》なく越後の国に生まれたのであるから、これは天命で致し方はない。ただこの上は薩長人より二倍、三倍の力づくで最後の勝利を得《え》るの外《ほか》はないと決心、覚悟を定め、この主義を実行し来《きた》ったので、それが幾十年の習《なら》い性《しょう》となって、今日の高齢に拘《かか》わらず、[159]壮者《そうしゃ》に伍《ご》してなお奮闘、努力を継続しているわけであります。

156 覇を争うは、競う、戦いを挑（いど）むこと。
157 建白は、政府や上役等に自分の意見を申し立てること。
158 神経を起こしは、細かいことにまで、いちいち気に病むさま。神経質。
159 壮者は、働き盛りの人のこと。

死ぬまで働くのが私の理想

老生は何十年来、今申し上げたように、学問上の理屈からではなく、実際上の必要から奮闘、努力し来《きた》ったのであるから、いかに奮闘しようが、いかに努力しようが何等《なんら》の苦痛も感ぜなかった。我が身のためである、人のためではない。働けば働くほど楽しみになり、努力すれば努力するほど、胸中無限の愉快を感じたのである。

人間はいうまでもなく動物の一種である。而《しか》して働くのが動物の本能であって、人間は働くためにこの世の中に生まれ来ているのである。人間は死ぬまで働かねばならぬ、否、働くのが人間の楽しみである。

隠居制度は徳川時代の(160)遺習であって、(161)いざ鎌倉という場合には、君《きみ》の馬前《ばぜん》に(162)鎗先《やりさき》の功名を争う銃砲の戦争時代には、自然強壮の身体を要するからであったろうが、今日の如き活動世界、特に武力、体力をもって争うよりも、智力、脳力をもって(163)勝ちを千里の外《そと》に決する平和経済の戦争には、隠居制度は通用しない。年を老《と》ったからとて隠居して、何

160 遺習は、現在まで残っている昔の風習のこと。
161 いざ鎌倉は、大事が起きた時の意。
162 鎗先の功名を争うは、戦場での功績を競うこと。34頁の注43「鋒先」参照。
163 勝ちを千里の外に決するは、戦場に赴（おもむ）くことなく、居ながらにして勝利を得ること。

等なすなく、ぶらぶらしているようでは可《い》かぬ。若い者には自《おの》ずから若い者に適した仕事があり、老人には自ずから老人のやるべき仕事が沢山ある。

死ぬまで働いて、テーブルの前に倒れるのが私の理想である。見よ、彼《あ》の庭に餌《え》をあさっている雀を、(164)終日《しゅうじつ》(165)営々として(166)倦《う》むことを知らぬではないか。小動物なお且《か》つ然《しか》り、況《いわ》んや万物の霊長たる人間に於いてをやである。

真の努力は愉快である

私は自然を愛する。而《しか》して天地万物、皆、自然である。誰の催促をも受けず、春来《きた》れば爛漫《らんまん》たる花を開き、夏到れば(167)翠緑《すいりょく》を滴《したた》らし、秋立ち返れば(168)錦繡《きんしゅう》を織り、冬来れば(169)白皚々《はくがいがい》たる銀世界を現出する。(170)四時《しじ》循環去来する(171)造化自然の妙《みょう》や極《きわ》まれりで、人間の努力も

164　終日は、一日中のこと。
165　営々としては、せっせとの意。
166　倦むは、飽（あ）きること。
167　翠緑を滴らしは、木々が青々となること。
168　錦繡は、錦（にしき）と刺繡（ししゅう）を施した織物のこと。この場合は、紅葉が美しいの意。
169　白皚々は、白い雪や霜が一面に積もっているさま。
170　四時は、四季のこと。
171　造化は、自然と同意。

亦《また》人に催促されたる努力でなくて、自《みずか》ら発せる努力でなければならぬ。人に頼らず、自分の力を頼み、自分の運命を開拓せんがために、自分の心の真底《しんそこ》から努力の必要を感知せる努力でなければ真の努力ではない。否、愉快なる努力ではない。

人類は一代限り

人類は一代限りのものである。故に自分の生きている間には飽くまで働き、思う存分の働きを為《な》したい。こう私は常平生《つねへいぜい》から思うていたが、(172)昨年の暮、支那に行って益々《ますます》平素の持論を確《たし》かめたのである。

支那に行った時、支那の学者大家が北京に集まって、私のために歓迎会を開いてくれたが、その場所は清朝三百年の歴史資料を調査している役所で、いわば我が国の(173)維新資料編纂所みたいな所である。総裁は名高い(174)趙爾巽《ちょうじそん》氏で、その下に支那の有名な学者が大勢集まって歴史資料を研究しているのであるが、その役所に行ってみると、その壁上には支

172 大倉は、一九一九年十一～十二月に中国を訪れた。
173 維新資料編纂所は、一九一一（明治四四）年設立の維新史料編纂会のこと。現在の東京大学史料編纂所。
174 趙爾巽（一八四四～一九二七）は、官僚・学者で、後に『清史稿』を脱稿してまもなく死去した。大倉は趙が東三省総督の時（一九一一～一二）に関わりを持った。

那の忠臣義士、[175]孝子節婦、文章の大家、[176]逆臣逆賊の姓名の記された板札が、折れ釘で取り外《はず》しの出来るように掛けられてあった。面白く感じたのは、故[177]袁世凱《えんせいがい》氏の姓名はあったが、それがいまだ忠臣になるか逆臣になるか、[178]将《はた》、孝子になるか調査研究中で、何《いず》れとも定《き》まっておらぬことであった。

私の歓迎会はそこで催されたので、私はその際、支那の学者達とこういう問答を試みた。

「見渡すところ、皆、大家《たいか》の御集りで、殊《こと》に支那一流の学者の方々のように想われるが、支那は三千年の長き歴史を有し、四億以上の多き民を有している。その支那の国で[179]古来《こらい》一番偉い人は誰ですか?」

「秦の[180]始皇帝が一番偉い」、支那の学者達は[181]異口同音《いくどうおん》に答えた。

「それなら、始皇帝は幾つで[182]崩御《ほうぎょ》せられましたか?」

175　孝子節婦は、親孝行な子と節操を守る女性のこと。
176　逆臣逆賊は、主君に背（そむ）き楯（たて）ついた部下のこと。
177　袁世凱（一八五九～一九一六）は、辛亥革命（一九一一年）後に第二代臨時大総統・初代大総統（一九一二～一六）となる。大倉は一九一五年一月、北京で袁に会見している。
178　将は、更に又の意。
179　古来は、昔から今までの意。
180　始皇帝は、戦国時代の秦（しん）の国王で、紀元前二二一年に史上初の中国統一を果たした。
181　異口同音は、皆が口を揃えて同じようなことを言うこと。
182　崩御は、皇帝、天皇等が死去することの尊敬語。

流石《さすが》の学者連もぐっと言い詰まり、暫《しばら》くして、

「あるいは四十八才とも申し、あるいは五十二才ともいいますが、確証がありません」

「[183]貴下《きから》等は、秦の始皇帝を三千年来の支那の歴史中に、一番偉い方であると仰《おっ》しゃっているが、その一番偉い人の死んだ年齢が分からぬとは、実に遺憾至極《しごく》です。学者という者はそんな[184]迂遠《うえん》なものですか?」

と笑いながらいうと、

「何《いず》れ取り調べてから御知らせ致します」

「それなら、始皇帝について分かっているところはどういう点ですか?」

と重《かさ》ねて尋ねると、三十六年間政治を採《と》ったことと、万里の長城を築いたこと等で、始皇帝が不老不死の薬を求めしむるために[185]徐福を[186]蓬莱《ほうらい》の島――日本へ派遣したことも確実であると答えた。それから始皇帝が幾つの時から政《まつりごと》を採ったということもいまだ正確には分からぬという。

183 貴下は、男性の相手に対する尊称で、あなたの意。
184 迂遠は、世事に疎(うと)く、実用に適していないこと。
185 徐福は、人名で、以下の話は、司馬遷の『史記』による。
186 蓬莱の島は、古代中国で信じられた、東方海上で仙人が住む、俗界から離れた静かで清浄な島のこと。

戦士の覚悟でいる

私は支那の学者からこの話を聴いて[187]慨然《がいぜん》として歎《たん》じたのである。支那の学者が異口同音に、支那三千年来の大偉人と称讃した秦の始皇帝は、自分より十代、百代どころではない、子孫をして[188]連綿として[189]万世《ばんせい》に君臨せしめたく思ったのであろうが、憐むべし、僅かに二世にして潰《つぶ》れてしまった。

又いわゆる三千年来の大偉人たる始皇帝崩御《ほうぎょ》の年齢も不明であるというではないか。始皇帝の如き大偉人と謳《うた》わるる人にしてなお且《か》つ然《しか》り、況《いわ》んや始皇帝ならざる人に[190]於いてをや。私はここに於いてか益々《ますます》人間は一代である、徒《いたずら》に子孫のために計《はか》るのは愚であるということを深く感じたのである。

古人は、「[191]子孫有㆓自子孫計㆒、不㆘為㆓子孫㆒為㆗馬牛㆖」と歌っているが、まことにその通りで、子孫のことなど深く心配せなくとも宜《よ》い。子孫は自ら計を立つるものであるから、人間は生きている間は思う存分に働き、余力があったら人のため、将《はた》、国のために働

187 慨然は、悲しみ歎（なげ）くさま。
188 連綿としては、途絶えずに長く続くさま。
189 万世は、永久の意。
190 於いてをやは、言うまでもないの意。
191 この句は、子孫にも自分自身で考えることがある、だから子孫のために牛馬になってまで働くことはないの意。

くがよい。

私は自ら戦士をもって任じている。商業は即ち平和の戦争である。私の田舎では、昔から男子は一たび家の(192)敷居を跨《また》げば七人の敵ありといっているが、今日の(193)活《かつ》世界は七人どころではない、七百人も、あるいは七千人の敵があることを覚悟せなければならぬ。紛々《ふんぷん》たる世の毀誉褒貶《きよほうへん》を気にして何が出来る。(194)区々《くく》たる世評などに頓着《とんちゃく》せず、自ら信ずるところに邁往《まいおう》し、自ら好むところに直進し、思う存分の働きをなし、倒れて後止《や》むのが即ち男子の(195)本懐ではないか。

今日の若い者の間には(196)サヴォルなどという(197)不祥な言葉が流行《はや》っているという。もし果してそうなれば、我が日本の前途まことに(198)寒心に堪えない。人間は働いてこそ楽しみがある。人間は働くべく生まれて来ているのである。(199)袖手《しゅうしゅ》ブラブラして何の愉快がある

---

192 敷居を跨ぐは、ここでは、家の外に出ること。
193 活世界は、勢いよく動いている世界のこと。
194 区々は、小さくて取るに足らない意。
195 本懐は、かねてから抱いていた思い。本望、本意。
196 サヴォルは、フランス語のサボタージュ（sabotage、仕事を停滞させる、怠ける）を略したサボの動詞化。
197 不祥は、不吉な、好ましくないの意。
198 寒心に堪えないは、恐れてぞっとすること。243頁の注358「寒心すべき」参照。
199 袖手ブラブラは、両手を袖（そで）の中に入れるさまで、労を惜しみ自らは手を出さないこと。164頁の注11「袖手安座」参照。

か。自分の額《ひたい》に汗《あせ》し、一生懸命に努力してこそ無限の(200)感快《かんかい》があるのである。努力は自分の運命を開拓し、国家富強の源泉であることを忘れてはならぬ。我が国でも昔から(201)遊手《ゆうしゅ》浮食《ふしょく》の民は卑《いや》しまれているのであるが、今日のこの世界的生存大競争の時代に在《あ》っては、手を懐《ふところ》にして、のらりくらりと遊んで暮らしているような者は、ほとんど生存の権威がないと欧米の学者は痛嘆しているのである。

やがて我が日本国の運命を双肩に担うべき今日の青年は、(202)現下は正《まさ》にこれ大《おお》いに自覚発奮の時期であることを忘れてはならぬ。

200　感快は、快（こころ）よい感じ。快感。
201　遊手浮食は、仕事に就（つ）かず、遊んで生きること。
202　現下は、今、現在のこと。

7 熱誠と、ある大工の話

『実業之日本』第二六巻第八号（一九二三（大正一二）年四月一五日）に掲載

自分の談《はなし》は自分の経験から来ている。自分の経験というものは自分の身体や(203)心意を月謝にして、それでこの実際の世の中を読んで辛《から》くも修行したその過程である。学校で学ぶのも修行である、学問、見識ある人の教えを受くるのも修行であるが、経験は又大なる修行である。この経験の修行を積んで、それを真に自分が体得したことの一つの信条は、「熱誠の(204)偉力《いりょく》」ということである。

熱誠とは、いい加減でないことである、真面目ということである、真剣ということである、一心不乱に、ウント仕事に乗りかかることである。この熱誠というものが欠けると、何事をしても十分の(205)功果を収め得ぬ。この熱誠というものがありさえすれば、仮令《たとい》少々はその人が鈍くても、(206)回り合わせが悪くとも、ついにその功果が収め得られるものであ

203 心意は、心、精神のこと。
204 偉力は、優れて大きな力のこと。
205 功果は、効果。
206 回り合わせは、巡り合わせ、運のこと。

る、というのが自分の体得、心証[207]として、確《かく》として動かすべからざるものとして信じている一大信条である。

英国海軍の名将として名高かったネルソン提督[208]は、最初、海軍兵学校の生徒として入学しようとした時には、体格試験に不合格であったため入学不可能であったといわれる。しかし海軍に身を立てようとした彼の熱誠は、彼をしてその身体を鍛錬せしめ、そしてついに海軍軍人として今に世界の人々の敬慕するところの第一人者たらしめたと聞いている。為《な》すある者は皆、熱誠が何《なん》にも打ち克つことを信じて敢為敢行[209]《かんいかんこう》するのである。

戦争の如きも双方の相戦《あいたたか》うのである時は、我が苦痛を感じて退却せんとするような時は、彼《かれ》も亦《また》苦痛を感じている時である、そこで彼《か》の大ナポレオン[210]は、「戦争の勝敗は最後の数分間にある」といったのは、諸君も知らるることであろう。これ亦《また》熱誠の不足と十分なのとが、事を成就《じょうじゅ》するとせぬとの原因を語るのでなくて何であろう。

商売でも工業でも何でも同じことである。世間には怜悧[211]《りこう》で学問もあり、資本もあり、

207　心証は、心に受ける印象のこと。
208　ネルソン提督は、ホレーション・ネルソン（一七五八～一八〇五）で、トラファルガー海戦でスペイン無敵艦隊を撃破した提督。
209　敢為敢行は、困難に屈しないで物事をやり通すこと。
210　ナポレオンは、ナポレオン・ボナパルト（一七六九～一八二一）で、フランス革命後の混乱を収拾し、大陸ヨーロッパをほぼ制圧した第一帝政の皇帝（一八〇四～一五）。227頁参照。
211　怜悧は、「れいり」と読み、頭が良く、利口（りこう）なこと。

種々の便宜をも有している人で、それで何をしても功果を挙げずに終る人が間々《まま》[212]見受けられる。その人を観察すると、どうも熱誠に欠けることのある人である場合が多い。これは実に考慮すべきことである。

ある大工が依頼を受けて建築したところが、設計も材料も工事も万端よく出来ました。然《しか》るに床の間の懸花生《かけはないけ》[213]をかける釘《くぎ》を打つのにちょっと監督を怠ったので、弟子の職人がよい加減[214]に打ってしまった。正月など柳に椿《つばき》などいける懸花生はまことによいものである。ところが正月になって、例の釘の打ち処《どころ》がまずかったので、主人が柳をいけたが、どうも落ち付かないで面白くないと思った。そこへ年始に御茶人《おちゃじん》[215]が来たので尋ねてみると、御茶人というものは口の悪い人が多いから、ハハア、これは釘の打ち場の寸法がちがっています、一生《いっしょう》[216]大工を致しておっても釘一本満足に打てぬものがあります、と罵《ののし》った。そこで主人は大いにその大工を信じなくなったという談《はなし》があります。これですから小事《しょうじ》も熱誠に致さねばなりませぬ。熱誠の前に事の大小はありませぬはずです。

212 間々は、時々の意。やや。
213 懸花生は、柱または壁等に掛けておく花生けのこと。
214 よい加減は、いい加減。
215 御茶人は、茶道に通じた人。風流人を指す場合もある。
216 一生は、生まれてから死ぬまでの間。終生、生涯。

8　幸福をもたらした動機

『実業之日本』第三一巻第一号
（一九二八（昭和三）年一月一日）に掲載

余を憤激せしめた一事《いちじ》

私が今日あるを致した最初の動機ともいうべきは、まず私の出京《しゅっきょう》である。(217)郷国《きょうこく》を辞して江戸に出たという一事である。

(218)頼山陽《らいさんよう》は、私の(219)祖父定七《さだしち》の商才を称して、これを(220)馬文淵《ばぶんえん》に譬《たと》え、この人をして大都会に出したならば、非常なる成功をもたらしたであろうに、空《むな》しくこの(221)跼蹐《きょくせき》たる新発田《しばた》

217　郷国は、故郷（ふるさと）、生まれ故郷のこと。大倉の郷国は、越後国新発田。現在の新潟県新発田市。146頁の注235中の「郷関」と同意。
218　頼山陽（一七八〇～一八三二）は、江戸後期の歴史家・思想家・漢詩人で、主著は『日本外史』。
219　祖父定七（一七六二～一八三〇）は、二代目大倉定七で、薬種・砂糖・綿・塩の商いの他、質屋を営んだ豪傑肌の大商人。
220　馬文淵（紀元前一四～紀元後四九）は、馬援ともいい、光武帝（こうぶてい、紀元前六～紀元後五七）に仕え、多くの敵を討った後漢の武将であり、大牧場経営等の才もあった。
221　跼蹐は、跼天蹐地（きょくてんきょくち）の略で、頭が天に触れ、地が落ち窪（くぼ）むのを恐れて歩くさまで、身の置きどころがないの意。

の地に埋もれしめたのは、かえすがえすも残念であると、祖父定七の墓銘に書しているが、私も亦《また》、郷里新発田にとどまっていたら、わが祖父の(222)轍《わだち》を踏まなければならなかったかも知れない。人は、そのいるところ、乃至《ないし》それを置くところによって様々の境遇と運命を辿《たど》るもの。私の如きも亦《また》、江戸に出たために、郷里に老《お》い朽《く》ちるのを免れたのであろう。

その時、私は十八才であったが、一日《いちにち》、私の通っている(223)丹羽《にわ》という塾からの帰途に、学友なる白勢《しらせ》三之助の家の前を通ると、何故か白勢の表戸は悉《ことごと》く青竹で鎖《とざ》され、森閑《しんかん》と静まり帰っている。ハテナと裏口へ回って家内《かない》の様子をうかがうと、一家悉く(224)蟄居《ちっきょ》して、ひたすら謹慎の意を表しているものらしい。

そこで私は、白勢にその仔細《しさい》を訊《たず》ねると、白勢は涙ぐんで曰《い》う、「実は昨日、父が外へ出た途中、藩《はん》の(225)目付役《めつけやく》某に出会った。折柄《おりがら》、雨後の泥濘《ぬかるみ》なので、父は下駄を穿《は》いたまま土下座《どげざ》した。スルとその供《とも》をしていた人が、父のうしろにまわり、父の着物の裾《すそ》をつかんでまくり上げ、「貴様、下駄の儘《まま》土下座してるな。無礼者め！」というお叱《しか》り。(226)揚句《あげく》

---

222 轍を踏むは、同じ道を歩むこと。
223 丹羽という塾は、新発田藩の儒学者である丹羽伯弘（にわはっこう、一七九五〜一八四六）が開いた私塾の積善堂で、大倉は十代の頃通っており、そこで陽明学の影響を受けたといわれる。
224 蟄居は、家の中に閉じ込もっていること。245頁の注368「蟄伏」参照。
225 目付役は、武士を監察する役職のこと。
226 揚句の果ては、行きついた結果、とどのつまりの意。

の果てに、一家中、外出罷《まか》りならぬというお達し、泣く泣く一家は謹慎蟄居していなければならぬ」

始終を聞いて私は、この一家に同情を禁じ得なかった。同時に武家《ぶけ》の(227)専横暴慢《せんおうぼうまん》に限りなき憤満《ふんまん》を感ぜずにはおられなかった。いかに風習とはいえ、あまりといえば(228)没義道な……百姓、町人はいつまでかかる屈辱を受けねばならないのであろう。自分も亦《また》この土地にいたならば、いつかはああいう目に遭《あ》わなければならない。江戸だ！　江戸だ！　いつまでこんな狭い土地にいられるものか。江戸に出て一仕事、一旗あげて見よう。江戸は広い。何かしらどえらいことが出来よう。町人として大きくなれば、あんな侮辱は受けずにすむ。それにもう幕府の勢《いきお》いも衰えているという。何か、世の中の、大きい変り目が来るとも聞いている。江戸だ！　この変り目に江戸に出て一仕事することだと、私はその夜、(229)ねもやらず、その一事を考えた。そして数日の後、ついに(230)意を決して(231)姉にわが(232)心事を打ち明けた。然《しか》るに姉は、幸いにも私の企てに同意してくれたばかりか、かね

227　専横暴慢は、好き勝手に振舞うこと。横暴、粗暴なこと。
228　没義道は、人の道に外（はず）れた、むごい、不人情なこと。
229　ねもやらずは、寝もやらずで、完全には寝ないで、徹夜での意。
230　意を決しては、決心しての意。
231　姉は、貞子（又は照）といい、新潟町の船具商、間瀬屋の六代目、間瀬屋佐右衛門（まぜやさえもん、？～一八六九）に嫁ぐ。この時、大倉は姉に会うために新発田から新潟に行った。大倉には姉一人、兄二人、妹一人がいた。
232　心事は、心の中で思っていること。

て貯《たくわ》えの金[233]二十両を出して、私の決心を[234]激《はげ》ましてくれた。

私は、実に嬉しかった。この姉の好意に対してだけでも、必ず何か仕《し》とげなければならない、必ず仕とげてみせると、深く深くわれとわが心に決して、ついに[235]郷関を辞した。誰でもこういう時の気持は同じであろうが、私などもやはり、「[236]埋㆑骨豈惟墳墓地。人間到処有㆓青山㆒」というような、悲壮にして感傷的な気持だったことは、今になおよく記憶している。

[237]出関の決意と不断の努力

しかし私がここで特に若い人々に聞いていただきたいのは、年少《ねんしょう》志を立てて郷関を辞するというような時には、誰しもこういう決心であろうが、要はこの後の奮闘如何《いかん》にあるということである。

---

233 二十両は、現在のほぼ百三十万円相当か。
234 激ましは、「励まし」の当て字。
235 郷関を辞したは、故郷を離れたの意。143頁の注217「郷国」参照。
236 この句は、骨を埋める所はどうして（父母の側の）墓地だけだろうか、人間には至る所に死に場所、墳墓がある、の意。42頁の注80「人間到処有青山」参照。
237 出関は、前出の「郷関を辞した」と同意。

郷関を辞する時ばかり非常な決心をしても、そのあとの不断の奮闘と刻苦勉励《こっくべんれい》とがなければ何にもならない。一時の感激だけでそのあとの(238)地力《じりき》の続かないものは、かえって堕落する。人生、事をなすには何としても(239)根強《ねづよ》き意思と力である。線香花火のような感激などでは、到底《とうてい》事はなせるものでない。何処《どこ》までも根強く、力強く、この人生の荒海を乗り切る覚悟でなければ、男子の(240)功業《こうぎょう》は立て得ないのである。

事いささか私事にわたって(241)僭越であるが、私が(242)不才の身をもって漸《ようや》く今日を築くに至ったのも、江戸に出てから後の刻苦のおかげである。今、年老《としお》いて当時を顧みると、われながらよく身体が続いたものだという感なきを得ない。

私は(243)麻布飯倉の鰹節《かつおぶし》店に三年の奉公を終えて、(244)下谷《したや》上野に二間間口《にけんまぐち》の乾物屋《かんぶつや》を開いた。

238 地力は、その人が持っている本来の力のこと。
239 根強きは、根本がしっかりしていて、たやすくは動じないこと。
240 功業は、手柄、功績のこと。
241 僭越は、身分や立場を越えて出過ぎたことをするさま。この場合は、恐縮。
242 不才は、才能のないこと。
243 麻布飯倉の鰹節店は、江戸に出た時に奉公に入った中川鰹節店で、現在の麻布飯倉四丁目二一番地にあった。
244 下谷上野の店は、満十九歳で独立して開いた、正面が二間（三・六ｍ）に過ぎない小さな乾物店大倉屋で、三十歳までその店を営んだ。干し魚だけでなく、生魚も扱った。後の下谷上野町二丁目にあった。107頁の注56参照。

今日からはおぼこもじゃこのととまじまり
やがてなりたき　男《をとこ》一匹

実際これが当時、私の心事で、自分からいうのも妙なものだが、朝は払暁《ふつぎょう》(245)から夜おそくまで草鞋《わらじ》を穿《は》く［ママ］ヒマもなかった。

ある日、二人の親戚が郷里から出て来たが、私の忙しさを見かねたか、「お前さん、新発田へお帰んなさい。新発田にいれば、結構な身分でいられるのに、何《なに》(246)苦労してそんなに忙しく働くのです」と、心から帰郷をすすめてくれた。思うに、私の草鞋《わらじ》をヌグひまもない忙しさに同情したのであろう。もちろん私は肯《うなず》かなかった。

一時的感情だけでは駄目

世には、ある偶然の動機から一時に幸福を得るような例もかなりにあるが、そういう幸福は、(247)えて長続きがしないものである。やはり長年月を積み費《つい》やして、ギリギリと一歩

245　払暁は、明け方のこと。
246　何は、何故、なぜの意。どうして。
247　えては、得てで、とかくの意。

一歩に築かれて行った幸福でなければ長続きがしない。

若い時には誰しも自信が強く、何かの動機で一時《いちじ》に自分の運命を転換させ、一時に幸福を得るというようなことを空想するものであるが、世の中はなかなかそうは参らない。時に偶然そういう例もあらわれることもあるが、その幸福の崩壊の早き、その実例のいかに多いことか。

即ち私は、私自身の場合に於いて、今日あるを致した最初の動機は、江戸に出たことである。学友の屈辱に発憤して郷関を辞したことである。しかしそれは一時的の出来事で、私の今日の運命を支配しはしない。真に今日あらしめた最大の原因は、その時胸に刻《きざ》みつけた私の決心を終始胸に持して、常に自ら己《おのれ》を鞭《むち》うっていたことである。

重ねていうが、私は一時的の感激などいうことは絶対に排したい。もちろん何等《なんら》かの感激なしに仕事はなし得ないが、それの実行には(248)最早《もはや》根強い意思である。仕事は決して感激だけで出来るものではない。同様に一時の動機だけで、幸福は築かれるものではないのである。

248　最早は、ここでは、言うまでもなくの意。

9　九十二歳の老生から若き日本の人々へ

『実業之日本』第三一巻第三号
（一九二八（昭和三）年二月一日）に掲載

第一の禁物《きんもつ》は借金

老生《ろうせい》は特にこの際、私の抱懐《ほうかい》する希望の一端を述べて、[249]同胞と共に自戒自制、もってわが国民生活をして[250]所期の目的に進ましめたいと思う一事《いちじ》がある。

惟《おも》うに、昭和二年は我が国にとってまことに多事多難の一年であった。即ち[251]財界の破綻、休銀の続出等、実にわが財界未曽有《みぞう》の一大不祥事を惹起《じゃっき》し、内にいよいよ不景気を深刻にし、外《そと》にわが財界の信用をして益々失墜せしめたのであった。即ち今、昭和三年及びその以後に於いては、是非ともこれが整理と振興の道を講じ、この深大なる財政的[252]創痍《そうい》

249 同胞は、ここでは、日本国民のこと。
250 所期は、期待すること。
251 財界の破綻は、一九二七年三月に発生した金融恐慌で、預けた金を引き出そうと銀行に殺到する預金取り付け、銀行休業（休銀）が続出した。87頁の注259「ある銀行」参照。
252 創痍は、傷やひどい損害のこと。

をして、出来るだけ速やかに回復せしめなければならぬ。

按《あん》(253)ずるに財政経済の要諦《ようてい》(254)は、時代と社会の如何《いかん》を問わず、個人に於いても国家に於いても、要は借金をしないことである。これは今更呶説《どうせつ》(255)する必要もない極めて平凡なことである。

しかし我が国近来の財政状態は、この平凡な常道を踏み得たかどうか、否、この常道を逸しておった。もちろんそれには、この常道のみをもって進み得ない諸種の事情もあったが、それにしても公債は増発に次ぐに増発をもってし、中途《ちゅうと》(256)、一時緊縮方針を採《と》ったものの、最近はまた内外債の著増、日に益々《ますます》その多きを加えつつあり、いわば借金に借金を重ねつつある状態、しかも貿易は、引き続き入超を繰り返しつつあること、世人の知るとおりである。既にして財政の状態や実にかくの如し。自然、為替も亦《また》、非常の悪況を続けていなければならぬのである。

253　按ずるは、考えを巡（めぐ）らすこと。
254　要諦は、大事なこと。159頁の注282「要訣」と同意。
255　呶説は、くどくどと説明すること。
256　中途は、途中のこと。

昭和維新の必要

かく観来《みきた》れば、わが日本は、今、正《まさ》しく財政的国難に直面し、今にしてこの疾患《しっかん》を一掃せずんば、ついに重大なる結果を招致しなければならぬ状態に在《あ》り、(257)苟《いやしく》も国家を思う者の黙過《もっか》し能《あた》わざるところ、まことに昭和維新の必要を痛感せざるを得ない。

即ち老生《ろうせい》は、現下わが財政の(258)宿弊《しゅくへい》を(259)掃蕩《そうとう》し、もって昭和維新の(260)実《じつ》を挙げんがためには、何よりもまず、今年《こんねん》以降徹底的に緊縮主義をとり、俗にいわゆる借金をせぬということに全力を注がねばならないと信ずる。まことに我が国近来の世相、ややもすれば国家も国民も借金を重大視せず、その気風の(261)弛緩《しかん》したる、実に看過《かんか》し得ざるものがある。

即ち老生は、特にこの一点について、ここに我が国が採って、もって学ぶべき実例を示したいと思う。それは、欧州の新興国中、最もその発展を注目され、殊《こと》にその国状の我が

---

257 苟もは、仮にもの意。
258 宿弊は、古くから続いている弊害、悪習のこと。
259 掃蕩は、すっかり払い除くこと。
260 実を挙げるは、はっきりした成果を挙げる意。
261 弛緩したるは、たるんでいる、だらしないさま。

明治維新当時に彷彿《ほうふつ》[262]たりと称せられている[263]チェッコスロヴァキアである。

チ国の国情に鑑《かんが》みよ

チェッコスロヴァキアは一九一八年に独立した。当時オーストリーは、その領内なりしチェッコスロヴァキアをはじめ、その他の新興諸国の独立分割につれ、[264]さらぬだに下落の状勢にあった。同国貨幣価値は、いよいよ下落し、随《したが》って[265]墺国軍事公債も亦《また》下落を免れなかった。

ここに於いて、該《がい》軍事公債の所有者は、急遽《きゅうきょ》、当時政府法令の許すところにより公債を現金に換えんとしたために、勢いここに紙幣の増発を来《きた》した。しかもこの紙幣増発の影響は、当時なおオーストリー紙幣の流通していたチェッコスロヴァキアにも禍《わざわい》し、同国貨幣価値も亦《また》、急落を呈せんとした。

262　彷彿は、よく似ていること。思い浮かぶこと。
263　チェッコスロヴァキアは、チェコスロヴァキア国（一九一八～九二）のことで、現在は、チェコ国とスロバキア国に分かれている。
264　さらぬだには、然（さ）らぬだにで、ただでさえの意。
265　墺国は、墺太利（オーストリア）のこと。

ここに於いてか、時のチェッコスロヴァキア国蔵相ラシン氏は、この状勢を防止すべく、大決心をもって、まず(266)オーストリーハンガリー銀行に命じて、軍事公債に対する貸出しを厳禁し、新オーストリー軍事貨幣二十五億二百七十一万(267)クローネの紙幣を認めざることとし、而《しか》して更にチェッコスロヴァキア国内に流通する紙幣には、特に刻印《こくいん》をなさしめた。いうまでもなく、彼はかくしてチェッコスロヴァキア国貨幣の完全なる分立を見んと企《くわだ》てたのである。

チ国蔵相の猛断と熱弁

かくして一九一九年二月二十五日、彼は、この法案が議会を通過するや否や、即夜《そくや》(268)(269)疾風迅雷《しっぷうじんらい》の如く、チェッコスロヴァキアの国境を封鎖し、もってオーストリー紙幣の輸入を防止し、爾後《じご》三月九日に至るまでこの封鎖をつづけ、国内に(270)モラトリアムを布告し、

266　オーストリーハンガリー銀行は、オーストリア帝国（一八〇四～六七）の後身であるオーストリア＝ハンガリー帝国（一八六七～一九一八）の中央銀行。
267　クローネは、オーストリアの旧通貨単位。
268　即夜は、直ぐその夜のこと。
269　疾風迅雷の如くは、速く吹く風と激しい雷のことで、直（ただ）ちに、直（す）ぐさまの意。
270　モラトリアムは、非常事態の際に法令により、手形の決済、預金の払戻し等を一時的に猶予（ゆうよ）すること。

その間三月三日より向こう一週間の間に、同国内に流通する紙幣の刻印を了《りょう》した。爾来《じらい》同国内の貨幣は、全然オーストリアの影響を受けず、その財政状態も亦漸次《またぜんじ》好調を呈するに至った。

その英断と機宜《きぎ》(271)の財政策は、実にかくの如く、しかも更に彼に聞くべきは、一九一九年二月二十八日、該《がい》法案の提出に際し、彼が議会に於いてなしたる演説である。彼はいう、「吾人《ごじん》(272)は、次の如き重要条件が満たされるに於いてはじめて、わがクローネの価値の回復を知らねばならぬ。即ち吾等《われら》はまずわが財政に不足を生ぜしめてはならぬ。国の支出は万《ばん》已《や》むを得ざるもののみに限るべし。而《しか》して財政の不足は、ただ租税によってのみ、これを補うべく、断じて国際紙幣等(273)によるべからず。そして、国民よ働け。働いて、而《しか》して貯えよ。然《しか》らざれば我が国の貨幣も亦《また》、墺国《おーこく》貨幣の如く惨落(274)を見なければならない。……重ねていう、吾人は、議会に於ける法令の通過によってのみ貨幣価値を良好にすることは出来ない。最も重要なることは、国民が働くことである、そして貯えることである。否《いな》、それによってのみ、貨幣価値を引き上げることが出来るのである」と。

271　機宜は、ちょうど良い時機のこと。
272　吾人は、我等、我々のこと。
273　国際紙幣は、ここでは、国債発行等によって信用ある外国紙幣を得ることを指すと思われる。
274　惨落は、相場が予想外の安値に下がること、また、暴落すること。

日本国民の新目標

実に国力の充実がなければ、貿易も為替も亦如何《いかん》ともなし得ないのである。而して国力充実の根本は、ラシン氏のいわゆる、働け、而して貯えよにあります。老生はこのラ氏の言動と同国民の覚悟とを見て、ゆくりなくも[275]、わが明治戊辰《ぼしん》[276]の際に於ける維新の先輩、並びに当時の国民の気力を思い出しました。「新日本を打ち建てなければならぬ」、実に当時はただこの目標に向かって邁進《まいしん》し、ついに新日本をつくり出したのである。

あたかも今年は、明治維新後六十一年目の戊辰にあたる。即ち吾等はこの紀念すべき年に於いて、真に昭和の維新を実現せしむべく、まず今年一年を、「個人も、国家も、借金するな。而《しか》して働け、更に貯えよ」の目標に向かって邁進《まいしん》すべく、この思想の普及と実現とに全力を致し、もって昭和の新政をして第二維新の光輝あらしめたく切望に堪えぬのである。

275 ゆくりなくもは、思いがけず、偶然にの意。
276 明治戊辰は、明治元年が干支（えと）で戊辰に当たるので、ここでは、維新の大変動をいう。戊辰は「つちのえたつ」。

10　就職難か求人難か

一九二八（昭和三）年三月［ママ］の新潟県人会で講演
『鶴彦翁回顧録』に掲載

就職難か求人難か

今日、就職難という声は随所に叫ばれている。これは確かに事実である。私のところへも書面その他の手段で、就職難を訴えて来る青年がかなりにある。しかし就職難という声の喧《やかま》しい一方には、全くこれと反対の求人難という声のあることも事実である。これは一見、甚《はなは》だ矛盾した現象のように思われるが、事実は決して矛盾ではない。両方とも真実である。

実際、今日の就職難は色々の原因から醸出《じょうしゅつ》(277)した一大事実で、これを解決することは一朝一夕《いっちょういっせき》になし得ることではない。漸《ぜん》(278)を追うて解決して行くよりほかに方法はないので

277　醸出は、機運や情勢が作り出されること。
278　漸を追うは、少しずつの意。

ある。しかしながら立場をかえて、自分が人を求めるという側に立って今日の世相を見るならば、誰しも前に述べた求人難ということを痛感せざるを得ないだろう。もちろんこういったからとて、目ざす人物さえあれば現下の就職難が消滅するというのではない。そしてその原因については、一個人のにわかに如何《いかん》ともすべからざる問題である。即ち自分のいわんとするところは、人を求める側から就職せられんとする若き人々に一言《いちげん》し、(279)延《ひ》いてわが国今日の世相に一言《ひとこと》呼びかけたいのである。

責任観念

いい古された言葉かも知れないが、わが国今日の世相ほど軽薄な時代は明治以来、いまだかつてない。同時に世界列強の間に於いても、今日のわが国ほど軽薄なものは少ないだろう。そしてこの病弊《びょうへい》は決して若い人達ばかりではなく、年齢と職業の如何《いかん》を問わず、あらゆる階級に(280)瀰蔓《びまん》している一大病弊《びょうへい》である。私のいう軽薄とは、換言すれば、事に対する真剣さ、ないし熱意がないということで、更にいえば責任の観念が欠如しているという

279　延いては、更にはの意。
280　瀰蔓は、ある風潮等が広がる、はびこること。

ことができる。こういうと今の若い人達は、これも亦《また》(281)月並な処世(282)要訣《ようけつ》の如く考えるかも知れないが、私は尤《もっと》もらしい月並を説こうというのではなく、まったく私自身の体験から、私一流の解釈で責任観念の欠如ということをあえて述べるのである。

思うに今日、わが国の人心はその日暮しである。ただその日その日を何とか(283)糊塗《こと》してゆき、その場さえ巧みに切り抜けさえすればそれでよい、という間に合わせ主義である。(284)上下共《とも》に、与えられた仕事、なすべき仕事を何処《どこ》までもやり貫《つら》ぬくという気風がなく、人心には俗にいうゴツイ点が極めて薄くなった。随《したが》って頭脳のよい人、手腕のある人、教養のある人は求められるが、しっかりして事を真剣にやるという人はなかなか求められない。

が、人に信頼されるには、頭脳や教養や手腕よりも、まずもって真剣着実さが必要だ。意思強く、事にあたって動揺せず、しっかりとして与えられたことを遂行《すいこう》するということが肝要である。

昔の人ないし維新前後及び明治初期の人のよい点は、ここであった。だから今日に於い

281　月並は、平凡、ありきたり、陳腐の意。
282　要訣は、物事の最も大切なところの意。151頁の注254「要諦」と同意。
283　糊塗は、一時しのぎにごまかすこと。
284　上下共には、この場合、官も民もの意か。

ても、その頃から生きのびている人はその考え方が古くても、とにかく信頼することが出来た。それに反して、今日《こんにち》は考え方は非常に新しく、やることも気《き》が利《き》いているかも知れないが、することにガッシリとした真剣さが足りない。腰が浮いている、腹がしっかりしていない。

しかし今日に於いても、人を求むる側からいうと、やはり信頼出来るか否かの見きわめを最も重大視するに違いない。これは昔も今も変りはなかろうと思う。そして私のいう求人というのは、この意味なのである。この一点さえしっかりしていれば大丈夫である。否、今日の就職について、この一点を具《そな》えていることは、最上の武器であると思う。即ち私は、今日就職せんとする人に対して、あえてこの一言を呈したいのである。

三　国民に訴える

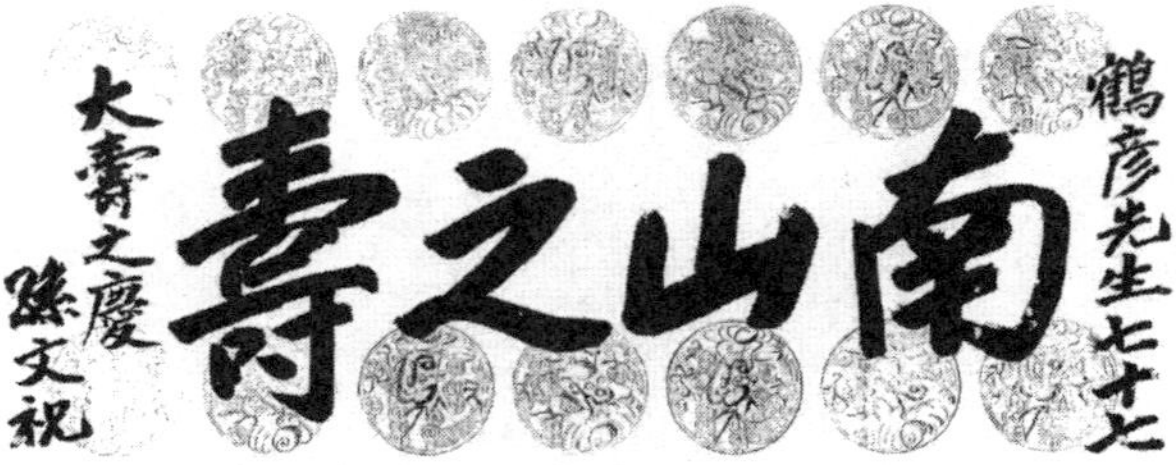

孫文が大倉喜八郎の喜寿に贈った書

辛亥革命（1911年）に際し大倉は孫文（1866～1925）らの革命政府を支援し、革命を準備した中国同盟会は赤坂の大倉邸内で結成（1905（明治38）年8月）された。

『鶴乃とも』（1916（大正5）年、田中親美監修）より

80歳代半ば頃の大倉喜八郎　『大倉鶴彦翁』より

1　貿易に関する意見の概略

大倉喜八郎述『貿易意見書』（一八八六（明治一九）年四月）の本文全文

予が[(1)]一昨年来、欧米諸国回覧の際に、商売その他のことに関して見聞したるところ少なしとせず。然《しか》れども世界各地の風習、商業等の実況を取り調べるは決して容易の業《わざ》にあらず。欧米の学士が最も苦心焦慮《しょうりょ》するところも、多くはこの点にあるが如し。伝え聞く独国大博士[(2)]グナイスト氏は、英国の文物習慣及び[(3)]開明の度を視察せんがために五ヶ年余、居をロンドンに移して、親しくその制度習慣の起原より取り調べ、ようやくその全貌を熟知するを得たりと。世界有名の大学士にして、なおこの如くなれば、我輩《わがはい》浅学の徒が僅々《きんきん》二年間の旅行中、能《よ》くその[(4)]一斑《いっぱん》をも窺《うかが》い知る能《あた》わざるは申すまでもなきことなれども、従来の経験によりて、我が業務に関する一部分だけについては、いささか[(5)]発明したると

1　一昨年来は、大倉は一八八四（明治一七）年五月、日本茶の信用回復を図るため、茶業組合中央会により米国に派遣され、合わせて商業視察を行い、翌年一月に帰国した。

2　グナイストは、ルドルフ・フォン・グナイスト（一八一六〜九五）で、ドイツの法学者・政治家で、明治憲法制定の際、伊藤博文等に憲法学、行政学を講じた。

3　開明の度は、人知、文化の発達の度合のこと。168頁の注44「開明国」参照。

4　一斑は、物事の一部分のこと。

5　発明は、ここでは、発見、あるいは気付いたくらいの意。

ころなきにあらず。

目下、欧米諸国の商業は日増しに盛大に向かい、商売の方法も次第に進歩する中《うち》に、顧《かえり》みて我が日本の有様を見れば、商業の有様、万端《ばんたん》(6)幼稚にしていまだ欧米諸国とその鋒《ほこ》(7)を競《きそ》うに足らず。加之《しかのみならず》(8)、近年全国の不景《ふけい》(9)にて、農商工業共に一般に衰弊《すいへい》を極めたるは、既に輿論《よろん》(10)の認むるところにして、もしこのままに捨ておくときは、ついにはいかなる惨状に陥《おちい》らんも測るべからず。これを思い彼《か》を思えば、我々身を商売に委《ゆだ》ぬるものは、決して袖手安座《しゅうしゅあんざ》(11)すべきの時にあらざるを覚ゆ。

よって試《こころ》みに、予が遊歴中に耳目《じもく》(12)に見聞して脳裏《のうり》に感じたる次第を述べて、商工業に従事する諸君の注意を促し、併《あわ》せて、いささか商業の方法を改良し、前途に国運の昌盛《しょうせい》(13)を致すの楷梯《かいてい》(14)たるべき方法等について、鄙見《ひけん》(15)を陳《ちん》ずるところあらんとす。商業に練達

6　万端は、あらゆる事柄のこと。
7　鋒を競うは、先陣を争うこと。132頁の注162「鎗先の功名を争う」と同意。鋒は34頁の注43「鋒先」参照。
8　加之は、そればかりでなくの意。
9　不景は、不景気。松方デフレで一八八二～八五（明治一五～一八）年は厳しい不況期だった。
10　輿論は、世間一般の人の考えのこと。
11　袖手安座は、138頁の注199「袖手ブラブラ」と同じ意で、労を惜しみ自分からは何もしないこと。
12　耳目に見聞は、見聞（みきき）したこと。173頁の注70「耳目を開きたり」参照。
13　昌盛は、盛んなこと。後出の「繁昌」と同意。
14　楷梯は、糸口、手引きのこと。
15　鄙見を陳ずるは、鄙見は自分の意見を謙っていう意で、陳ずるは、述べること。27頁の注2「卑見」を参照。

なる諸君に向かいてこの言を為《な》すは、あるいは[16]釈氏《しゃくし》に法を説き、河辺《かわべ》に水を売るの[17]譏《そしり》あるを免かれずと雖《いえど》も、予が一片の[18]婆心《ばしん》自ら禁ずる能《あた》わず、あえて[19]腹心《ふくしん》を吐露《とろ》して諸君の是非を請わんとするに至れり。諸君、幸いにこれを[20]諒《りょう》せよ。

日本人民は日本国の文明開化を目的とせざるべからず。国の文明を目的とする以上は、[21]護国の兵備も[22]厳《げん》にせざるべからず、鉄道の敷設《ふせつ》も急がざるべからず、電信、郵便も拡張せざるべからず、教育も勧《すす》めざるべからず、衛生も忽《ゆるが》せにすべからず、その他大小の事物にして国の文明を致すに必要なるものは、もとより[23]枚挙《まいきょ》するに[24]暇《いとま》あらず。然《しか》るにこれ等の物を備え、これ等のことを行うについても、第一番に入用なるものは金にして、金なきときは到底何事をも為すこと能《あた》わず。例えば、兵備を厳にするは国のために最も大切なことなれども、これがために必要なる費用は、皆国民銘々《めいめい》の懐《ふところ》より出《いず》るに外《ほか》ならざれ

16　釈氏に法を説くは、熟知している人に対して教えるという意で、説く必要がないことの例え。釈迦に説法。
17　譏は、非難のこと。
18　婆心は、親切心のこと。50頁の注120「老婆心」と同意。
19　腹心は、心の奥底。心から思っていること。
20　諒するは、事情を汲んで承知すること。
21　護国の兵備は、国を護るために、軍事に関する施設や制度を整えること。また、戦争の準備をすること。
22　厳にせざるべからずは、しっかりしなければならないの意。
23　枚挙は、一つ一つ数え上げること。
24　暇あらずは、多過ぎて数え切れないこと。

ば、国民の生計富裕に進まざる間は、強兵のことも亦《また》実際に望むべからざるなり。今、英仏両国の[25]歳入額と我日本の歳入額とを対比するときは、この言《こと》の事実に相違せざるを見るべきなり。

英国の人口三千五百万人にして一年の歳入ほとんど[26]五億万円、これを人口に割り付くれば一人一ヶ年十四円余。仏国の人口三千七百万人にして歳入ほとんど七億万円、これを人口に割り付くれば一人一ヶ年に十九円弱なり。日本の人口三千七百万人にして歳入凡《およ》そ七千万円と見積り、これを人口に割り付くれば一人一ヶ年に一円九十銭弱なり。

右の如く英仏の人民は、一人にて年に十四円ないし十九円の重税を負うも、あえて自らその負担の重きを覚えず。然《しか》るに日本人民は、僅かに一人二円に足らざる軽税を負うて、[27]ややもすればその苦痛を訴うるゆえんは、畢竟彼我《ひっきょうひが》貧富の程度、大いに相《あい》[28]懸隔《けんかく》するに因《よ》らずんばあらず。欧州諸国の人民は生計富裕《ふゆう》にして、国のために重税を負担するを

25 歳入額は、国や地方政府の一年間の収入額。
26 五億万円は、五億円のことで、当時はこういう言い方もした。
27 ややもすればは、どうかするとの意。
28 懸隔は、掛け離れていること。

得《う》るが故に、政府も亦《また》心のままに兵備を修《おさ》むるを得ると雖《いえど》も、今の日本人民の如く、些少《さしょう》の負担にすら堪《た》ゆる能《あた》わざる有様にては、(29)なにほど兵備を厳《げん》にせんことを欲するも得べからざるなり。右はただ兵備の一事《いちじ》について論じたるものなれども、その他のことも亦《また》、皆(30)然《しか》らざるはなし。

然るときは、今日に於いて我が国民の第一に希望すべき要点は、国を富ますの一事にして、この希望を達せんがためには、製産を起こして輸出の額を増し、海外貿易を繁昌《はんじょう》ならしむるより外に、(31)工夫《くふう》あることなし。貿易繁昌ならざれば、国富むべからず、国富まざれば、文明も開化も得《え》て望むべからざるなり。右の如く、商業のことたる、一国の貧富を左右し、その国の(32)安危存亡《あんきそんぼう》に係わるほどの大関係あるものなれば、事体《じたい》極めて重大にして、仮にも軽々しく看做《みな》すべきものにあらず。

然るに我が国にては、古来(33)武断政治の余弊《よへい》いまだ去らずして、商売といえばとかくにこれを(34)賤《いや》しむの風習あり。この風習は直接間接に貿易上に大なる妨害を与うるものなれ

29　なにほどは、どれだけの意。
30　然らざるはなしは、そうであるの意。然らざるは、そうでないの意で、ここでは二重否定。
31　工夫は、考え付いたうまい方法のこと。180頁の注117「工夫を運らす」参照。
32　安危存亡は、安全であるか危険であるか、また存続するか消滅してしまうのではないかの意。
33　武断政治の余弊は、武力による政治の弊害が後に残っていること。
34　賤しむは、卑しむと同じで、軽蔑（けいべつ）する、さげすむ、見下（みくだ）すの意。

ば、第一着にこの[35]弊習《へいしゅう》を除去せざるべからず。三十年来、日本も大いに旧時の面目を改め、政治、法律、教育、兵制、税法等の如き百事《ひゃくじ》、皆、[36]泰西《たいせい》の制法によりて[37]駸々《しんしん》その歩を進む中《なか》に、独《ひと》り商業の一事のみは依然[38]往日《おうじつ》の旧套《きゅうとう》を襲《つ》ぎて、いまだ目に立つほどの改良進歩ありたるを見ず。世間にて商業を軽蔑すれば、商人も亦《また》これに慣れて自らその地位を引き下げ、恬《てん》として恥じるところなく、且《か》つその業を営むに、多くは[39]敢為勇進《かんいゆうしん》の気象に乏しく、[40]一日の安《あん》を盗みて百年の計を為《な》さず。又商業上の適当なる教育を受けたるものの少なくして、多くは[41]内外貿易の方法に暗く、甚だしきは[42]詐偽破廉恥《さぎはれんち》は、商人に冠する[43]套語《とうご》なるが如くに心得《こころえ》おるもののなきにあらず。

一国の貧富強弱を左右する商人が、かく憐れなる有様にては、到底商業の盛大を致して、[44]開明国の人民と貿易の利益を争うの望《のぞ》みなしというべし。さらばいかにして商売の

35 弊習は、悪い習わしのこと。前出の「余弊」とほぼ同意。後出の「往日の旧套」参照。
36 泰西は、西洋または西洋諸国のこと。
37 駸々は、月日や物事の速く進むさま。
38 往日の旧套は、昔からの形式や慣習、ありきたりの方法のこと。
39 敢為勇進は、困難に屈しないでやり通すこと。
40 一日の安を盗むは、ちょっと休んだり、少し負担を軽くすること。
41 内外貿易は、国内商業と海外貿易とのこと。
42 詐偽破廉恥は、人をだましたり、恥知らずなこと。
43 套語は、言い古された言葉、決まり文句のこと。
44 開明国は、文化が発達した国のこと。163頁の注３「開明の度」参照。

方法を改良し、国民の富強を求むべきやというに、その方法はもとより一にして足らざれども、結局、今の商人の先覚者が[45]嚮導《きょうどう》者となりて、自らその商売の[46]趣《おもむき》を万事《ばんじ》欧風に改め、又後進者を誘導して次第に各自の[47]所為《しょい》に倣《なら》わしめ、政府も亦《また》この目的をもってこれ等の先覚者には正当の保護を与え、官民一致して商業の[48]振張を謀《はか》るの外に、差し当たり適切の方案なかるべきなり。このことに関して、予が政府及び当局の商工業家に[49]希望を属《しょく》するの要点は、凡《およ》そ左の如し。

第一に、政府に望むところは、外国貿易に相当の保護を与えられたきことなり。外国貿易を盛大にするの大切なることは今更多言を須《ま》たず。然《しか》れども貿易なるものは独自に盛大となるものにあらざれば、これを盛大ならしむるについては、亦《また》様々の手段を要するなり。

本邦物産の重《おも》なるものは、生糸、茶、米の三品をもって[50]最もとすと雖《いえど》も、これ等の品たる孰《いず》れも我が国特有の物産にあらず。即ち糸は清仏伊の三ヶ国より出《い》で、米は露国を始め支那、インド等の産出最も多く、茶の如きも支那、インド等にて逐年増加すべき模様あ

45　嚮導者は、先に立って導く人のこと。
46　趣は、内容や様子のこと。
47　所為は、行いのこと。
48　振張は、伸長。
49　希望を属するは、望みを掛けること。
50　最もとすは、尤もとす。三品をもって最もとすと雖もは、この三品であるのは、その通りではあるが、それに相違はないがの意。

りて、仮に茶の一種をもって支那、インドの産額を挙《あ》げれば、明治十六年中、支那国より欧米へ輸出したる製茶の産額二億千〇六十七万三千ポンドにして、同年、日本より欧米へ輸出したる総数は三千七百十四万七千ポンドなり、同十七年に、支那より二億千百七十四万三千ポンドを輸出し、同年、日本よりは三千五百八十万五千ポンドを輸出し、同十八年、支那よりは二億二千百七十四万ポンドを輸出し、同年、日本よりは三千八百五十七万九千ポンドを輸出したり。

この三ヶ年を平均しても、支那輸出の産額は、日本より凡《およ》そ六倍程の超過なり。而《しか》してインド内地よりの出産、十六年は五千七百五十一万ポンドにして、十七年は六千百六十五万ポンド、十八年は六千七百万ポンドに増殖せり。(51)スリランカ島より産出高も、十六年は百六十万ポンドなりしが、十七年は二百二十八万五千ポンドになり、十八年は四百三十五万ポンドに至れり。かくの如く支那は巨額を産し、インドも年々増加の勢いにて、その産出高は孰《いず》れも我が国に数倍せり。

右の如く、我が国にて重立《おもだ》ちたる物産は、一《いち》も我が国特有のものにあらずして、しかもその産出高は孰《いず》れも外国より少なきものなれば、(52)勢い欧米の市場に於いて、価格の競争

51　スリランカ島は、インドの南東沖に位置するイギリス植民地のセイロンのこと。現在は独立してスリランカ民主社会主義共和国。
52　勢いは、その結果として当然の意。

に遇《あ》うを免《まぬ》かるること能《あた》わず。この時に当たり、我が物品をして勝《か》ちを市場に制せしめんとするには、その物品の内地に係わる諸入費を節略《せつりゃく》(53)して、商利を外《そと》に争うの外《ほか》に手段あるべからず。而《しか》してその入費を減ぜんがためには、第一にその物品に運輸の便を与えて、総て輸出に係わる物産は陸に鉄道汽車賃、海に運漕《うんそう》会社の船賃《ふなちん》を低減せしむるの便法《べんぽう》(54)を設け、殊《こと》に重立ちたる物品の如きはその輸出税を全免するか、さもなくばその半額を下戻(55)す等の特典を、設けざるべからず。

現に仏国にては砂糖の輸出者に保護を与え、仏国製造の船舶《せんぱく》は、遠航の度に応じて保護金を給する等、種々奨励の道を尽くし、又インド政府は非常(56)に荷車の賃銀を低減して製造者の利益を保護し、自由貿易を主眼とする英国に於けるも、金銀の器具を輸出する時は、地金《ちきん》(57)輸入の節《せつ》、付課《ふか》したる関税を払戻す等の特許(58)あるの類《るい》、孰《いず》れも皆、貿易を奨励するの道にして、その効験(59)の最も著明なりし実例少なからず。

されば我が国にても、政府にてこれ等の特典を製産者に与えて十分に保護の道を尽くす

53　節略は、適当に省（はぶ）き減らすこと。省略。
54　便法は、便利な方法のこと。
55　下戻すは、政府が民間に払い戻すこと。
56　非常には、非常事態の際にはの意。
57　地金は、原料となる金属品のこと。
58　特許は、この場合、特別の許可を与えるの意。後出の「特典」と同意。
59　効験は、ききめ、効果のこと。

にあらざれば、製産者は決して真の⑹贏利《らり》を見ること能《あた》わず。随《したが》って外国貿易も盛大に赴《おもむ》くこと能《あた》わざるべきなり。又国内にて物産繁殖の道立《みちた》ち、その物産の内地に係わる諸入費も減省《げんしょう》して、これを外国に輸出するまでの順序は万端整頓すと雖《いえど》も、外国と取引の方法その宜《よろ》しきを得ざるときは、到底貿易の盛大を期すること能わざるべし。抑々《そもそも》、(61)居商《いあきない》の国は衰退し、出商《であきない》の国は興隆するは、古今商売上の(62)通理にして、手近き実例を挙ぐれば、(63)往時、徳川時代に(64)江州《ごうしゅう》の商人が内地の商権を(65)専《もっぱ》らにして、富裕(66)海内《かいだい》に冠たりしも、(67)封建割拠《かっきょ》の世の中に独《ひと》り四方に奔走して専ら出商を勉《つと》めたるがためならん。

然《しか》れども、我が国の商売は概して、古来政治上の事情に(68)検束《けんそく》せられて、数百年来、居商の習慣をなし、海外に出《い》でて商売を行うはもちろん、国内にても各一地方に蟄居《ちっきょ》してその土地限りの商売を為《な》し、前記の江州商人の一例を除きては、同じ日本の国内にてすら、

60　贏利は、贏は裸の意なので、純益のことか。
61　居商は、店内・地域内・国内にいて、出商は、外に出て、商売すること。217頁の「6　居貿易と出貿易」参照。
62　通理は、一般に通ずる道理のこと。
63　往時は、昔、過去、以前の意。既往。
64　江州は、近江（滋賀県）の異称。
65　専らにするは、ここでは、独り占めにするの意。
66　海内に冠たるは、国内、天下で頂点にあるの意。
67　封建割拠の世の中は、有力者が多数存在した封建時代のこと。
68　検束は、取り締まって自由にさせないこと。

全く出商のことを知らず、開港以来外国人の[69]刺衝《ししょう》を受けて大いに[70]耳目を開きたりと雖《いえど》も、数百年来の旧習は[71]一朝夕《いっちょうせき》の能《よ》く改むるところにあらざれば、外国の貿易も依然、居商の地位に立ち、物を売るも物を買うも専ら外国人の手に依頼し、自らこれを行うことを務《つと》めず。

かくの如くなるときは、我が国は常に外人のために商利を[72]壟断《ろうだん》せられ、商権を[73]専握《せんあく》せられ、永久外国の下風《かふう》に立ちて、これと対等の地位を占むること能《あた》わず。これ独《ひと》り商人銘々《めいめい》の損失なるのみならず、又我が国力《こくりょく》の衰弱を致すの源なれば、直接に[74]損得の巷《ちまた》に立てる商人等はもとより宜《よろ》しく奮励努力して専ら商売の方法を改良し、貿易の実利を恢復《かいふく》せんことを勉むべしと雖《いえど》も、政府も亦《また》、傍《かたわ》らよりこれ等の商人を奨励して、これに経済上の道理に適《かな》いたる公正の保護を加え、十分にその[75]羽翼《うよく》を展《の》ばし、その運動を活発ならしめんこと最も大切なるべし。

69　刺衝は、刺激のこと。
70　耳目を開きたりは、多くの人々の注目の的（まと）になったの意。164頁の注12「耳目に見聞」参照。
71　一朝夕は、48頁の注106「一朝一夕」と同じ意で、わずかな時日のこと。211頁の注217「一朝」参照。
72　壟断は、利益や権利を独り占めにすること。
73　専握せられは、一人占めされの意。前出の「壟断」と同意。
74　損得の巷に立てるは、損をしたり利益を挙げたりするの意。
75　羽翼を展ばすは、羽根と翼（つばさ）を広げることで、自由活発にするの意。

例えば、政府の大なる買物、即ち鉄道、(76)軌条《きじょう》、軍艦、大砲等の如きは、従来総て(77)外商の手に托して買い入るる(78)仕来《しきた》りにして、この方法を可《か》とする人の説には、本邦商人はいまだ商売上の経験に富まずして万事に不熟練なり、又外人の信用も厚からず、故にこれに大《だい》なる買物を委任する能《あた》わずとて、数千万円の買物を(79)挙《あ》げて悉《ことごと》く外商に委託するを常とせり。

去《さ》りながら、予はいまだこの説に感服する能わずというは、商売のことも他のことと同様にて、(80)実地その(81)局《きょく》に当たり、自ら現物を運転して始めて経験にも富み、熟練をも得、又外人の信用をも博すべきものなれば、日本商人果して経験に乏しく商売に不熟練ならば、なおさらこれを奨励してその局に当たらしめざるべからず。然《しか》るに今、ただ日本商人は経験なしとて何時《いつ》までもこれに実地の仕事を任せざるは、あたかもいまだ游泳《ゆうえい》の術に慣れずとて、これに水に入るを禁ずるに異《こと》ならず。何時に至るもその術に熟達するを望むべからざるなり。

76 軌条は、レールのこと。
77 外商は、外国商人のこと。
78 仕来りは、習わし、慣例の意。
79 挙げては、残らず、こぞっての意。
80 実地は、実際にの意。
81 局は、事態のこと。

且《か》つ外国人なりとて、悉《ことごと》く商売に抜目《ぬけめ》なき上に、無欲正直なるものにもあらざれば、一《いち》概《がい》にこれに信を措《お》く能わざる場合もあるべく、加うるに商売上の取引中、物を売るは難《かた》く物を買うは易《やす》きの習《なら》いにて、金銭を投じて物品を購《あがな》うことは、何人《なんぴと》にても外国商業を心得《こころえ》おるものならば、十分にその役目を果たすことを得《う》べきが故に、今後政府にて外国より買い入るべきものはなるべく外人の手に委《ゆだ》ねず、我が貿易商を[82]手代として確実の方法によりその物品の価格に応じ、[83]公然普通の手数料を与えてその用を弁ぜしめんことを希望す。

[84]然《しか》るときは、その影響は独りその購売するところの物品のみに止まらず、大いに貿易上に運動の[85]活機を与えて、広く世上の殖産事業を助け、社会一般にその利益を及ぼすに足るべし。又或る人の説に、世界有名の製造所は皆諸国に[86]エゼント、即ち代理人なるものあり。然るに日本商人にしてこれ等のエゼントたるもの、甚《はなは》だ少なしといえり。この言《げん》、実に[87]然り。今日の有様にては、日本国の大《だい》なる買物は皆政府より外国人に托して買い入るる法なれば、日本商人はエゼントたらんことを欲するも得《う》べからずと雖《いえど》も、苟《いやし》く

82　手代は、ここでは、代理人の意。
83　公然は、当然。決まっている、知れ渡っているさま。
84　然るときは、そのような時の意。
85　活機は、生き生きとした動きのこと。活気。
86　エゼント（agent）は、個人・組織等の依頼で代わりに行動する業者・組織等のこと。エージェント。
87　然りは、その通りの意。178頁の注100「而り」と同意。

も前陳《ぜんちん》[88]の如く、政府の買物を本邦商人に委託することとならば、日本商人は物品購求の利益に属する商権を保ち得るが故に、エゼントとなるも容易のことなり。これ亦《また》、我が国の貿易を発達せしむるに大なる助けとなることとなるべきなり。

　次に政府に望むところは、商業上の制度を改良して欧風[89]の仕組みを採用することとなり。商業改良のことも内部より着手するは容易の業《わざ》にあらざれば、已《や》むを得ず、まず外形に属する部分を漸次《ぜんじ》に欧風に改め、外部より刺激を与えて人々をして実際にその利益を覚知せしめざるべからず。よってまず手初めに、東京府下に於いて西洋のプールス[90]に倣《なら》い、大取引所、各商人の集会場を計画し、ここに競売所、現品取引所を設け、随《したが》って従来の米《べい》商会所《しょうかいしょ》[91]、株式取引所等もその組織を欧米風に改正し、その他倉庫[92]、桟橋《さんばし》等の如き商売上の良法は漸次に設置計画するをもって必要とす。これ等の諸法は孰《いず》れも商人の志気を振作《しんさく》[93]し、商売の方法を便利の道に改良するに於いて、大なる助けとなるものならん。

　その次に申しおきたきことは、現行条約改正もあらん、治外法権の制度を除く上は、外

88　前陳は、前に述べたの意。
89　欧風は、ヨーロッパ風のこと。後出の「文明国の風」と同じ。
90　プールスは、共同相場会社と訳され、取引所設置に関するヨーロッパの条例の名称。
91　米商会所は、最重要な商品である米穀の取引市場のことで、一八七六（明治九）年の米商会所条令により、先物取引も可能になった。
92　倉庫、桟橋は、商品物流に必要な施設で、桟橋は船の係留、貨物の積卸しに係わる。
93　振作は、勢いを盛んにすること。

国人に[94]内地雑居も許さざるべからず。それについては予《あらかじ》め、その弊害を防ぐの道を確立せられたきこととなり。内地雑居のことは久しく我が国の一問題となり、世の中に[95]是非の議論も[96]一ならざれども、現今の時勢に於いては到底これを許さざるべからず。又これを許さば、商売上にも社会上にも種々の利益あるべしと雖《いえど》も、今日の有様にて直ちに外人を引き入るる時は、必ずその利益に伴うに大なる弊害をもってするの恐れあるをもって、これを許すの前に、予《あらかじ》め商売の方法を文明国の風に改め、規模、計画を確定して外国人と取引を共にするに差し支《つか》えなからしめざるべからず。

且《か》つ、このことの得失を論ずるに当たりて、人々の常に心に留めおくべき一事《ひとこと》は、外国人とは独《ひと》り欧米の人民のみにあらず、ということなり。欧米の人民は、一個人についていえばともかくも、[97]概《がい》していわゆる文明の人民にして、その智徳も日本人に優ることありて劣ること少なきものなれば、これを日本に入るるに当たり、仮令《たとい》一方に弊害ありとするも、又一方にはこれに対する利益あるべしと雖《いえど》も、今ここに、開明の度は日本に劣り、改良進歩の気象に乏しく、常に文明世界の[98]軽侮《けいぶ》を受けて同等の取扱いを受くるを得《え》ざる人

94　内地雑居は、外国人が国内で自由に居住・旅行・営業等ができること。183頁の注132「内地雑居改正条約」参照。
95　是非の議論は、賛成、反対を巡る議論のこと。
96　一ならざれどもは、少なくはないがの意。
97　概しては、大体に於いて、一般にの意。
98　軽侮は、軽く見て侮（あなど）る、見下げて軽んじること。

民ありて、この人民が日本の開国に乗じ、相率いて内地に入り込むこともあらば、我が国はこれがために利益を受くるところなくして、徒《いたずら》にその弊害を被《こうむ》らざるを得ず。(99)殷鑒遠《いんかんとお》からず、今の世界にも(100)而《しか》り。かかる弊害を被《こうむ》りて、その始末に困却するものあり。故に我が国にても、外人の内地雑居を許すに当たりては、予《あらかじ》めこれらの弊害を防ぐの道をも立てざるべからざるなり。このことは、これに(101)縁故《えんこ》なきが如くなれども、今後日本の商売上に重大の関係あることなれば、序《つい》でながら(102)一言《いちごん》を陳《ちん》じて世の注意を請《こ》わんと欲するなり。

さて又、今日我が国にて商工業に従事する人々に望むところは、第一に、広く内外の形勢を(103)審《つまび》らかにし、遠く将来の目的を立て、商売に工業に、各十分の(104)心力《しんりょく》を尽くして、外国との競争に後《おく》れを取らざるの覚悟あるべきことなり。内国の事情は人々の(105)親視《しんし》目撃するところなれば、今殊更《ことさら》に、これを述ぶるを要せず。

---

99 殷鑒遠からずは、殷鑑遠からずで、殷王朝にとっての手本は前代の夏（か）王朝滅亡であるように、戒めは身近にあるの意。
100 而りは、その通りの意。175頁の注87「然り」と同意。然り。
101 縁故は、関わり合いの意。
102 一言を陳じては、一言（ひとこと）意見を述べてみるの意。
103 審らかには、詳しく、事細かにの意。
104 心力は、精神力のこと。
105 親視は、よく見ること。

[106]畢《おわ》りに、目下海外の形勢に関して、少しく見聞したるところを述べんに、予が旅行中、最も深く心に感じたるものは、近来、欧州諸強国の[107]企図経略《きとけいりゃく》は専《もっぱ》ら東洋を目的とするの一事《いちじ》なり。両三年来、欧州諸国は競うて殖民政略を実施し、我先《われさき》に四方の国土を侵掠《しんりゃく》する中にも、仏の安南《あんなん》、東京《とんきん》に於ける、又その清国に於ける、英の[108]巨文島に於ける、又その[109]上《うえ》ビルマに於ける、独の[110]カロライン及びマルシャル、ニウギーネ諸島に於けるが如き、あるいはその目的を達し、あるいはこれを[111]誤りたるの相違ありと雖《いえど》も、孰《いず》れにしても諸強国の目的は、東洋に於いて政治上、商売上の勢力を占有せんとするに外《ほか》ならず。

又英国の如きは、[112]夙《つと》にインド・支那の間に陸地の貿易を開かんとするの望みありて、このたびビルマを征服したるも、主としてこの目的に出《い》で、又この貿易を便《べん》にせんがために、ビルマの南より支那の南境まで一条の長鉄道を布設《ふせつ》せんとの計画あり。又ドイツ商人は近年頻《しき》りに支那に取り入りて同国の商売を専らにせんと欲し、近頃支那にて鉄道を敷設

106　畢りには、終りに。
107　企図経略は、国等を経営する方針、企てのこと。この場合は、後出の「東洋に於いて政治上、商売上の勢力を占有」すること。
108　巨文島は、朝鮮半島南部にある小群島で、一八八五（明治一八）年、英国艦隊が占領する事件が起きた。
109　上ビルマは、Upper Burma、北部ビルマのことで、一八八六（明治一九）年に英国により英領インドに併合された。南部の下ビルマは、その前に併合されている。
110　太平洋南部にあるカロリン、マーシャル、ニューギニアのこと。
111　誤りたるは、ここでは、（目的を）達せられなかったの意。
112　夙には、早くからの意。

するの議ありと聞けば、欧米の商業者は[113]衆鷹《しゅうおう》の一禽《きん》を争うが如く群がり来《きた》りて、[114]一臠《れん》の分け前に与《あずか》らんと欲し、ドイツ商業家の如きは新たに[115]シンジケート（有力者聯合の事務の代理者）を組織して、わざわざこれを東洋に派遣し、支那へ貸金《かしきん》の議を申し込まんとすれば、仏国にては又傍《かたわ》らよりこれを奪わんとするが如き、その目的は[116]一つとして多く東洋貿易の利益を占得《せんとく》せんとするにあらざるはなし。

　海外の有様かくの如くなれば、我々外国貿易に従事するものはもちろん、一般の商人も深く現時の実況と将来の成り行《ゆ》きとに注意して、巧《たくみ》にこの勢《いきお》いに応ずるの[117]工夫を運《めぐ》らさざるべからず。[118]勁敵《けいてき》前に在《あ》り、安閑としてこれに備うるの策を講ぜざるときは、ついに思わざる不覚を取るに至るべし。今や日本の外国貿易を営む人々は、自ら[119]孤城落日の地位に陥《おちい》りたりと覚悟して、[120]畢生《ひっせい》の心力を尽くし、その[121]厄運《やくうん》を挽回すべきの秋《とき》なりとい

---

113 衆鷹の一禽を争うとは、多くの鷹が一羽の鳥を取って食おうと争うこと。
114 一臠は、一つの肉塊のこと。
115 シンジケートは、協定に基づく組合のこと。
116 一つとしては、下に二重否定の語があるので、総ての意。
117 工夫を運らすは、運らすは巡らすで、方法を種々の面から考えるの意。167頁の注31「工夫」参照。
118 勁敵は、強い、手強（てごわ）い敵のこと。
119 孤城落日は、勢いが衰えて助けもなく心細いさま。
120 畢生は、一生、命が尽きるまでの意。
121 厄運は、巡り合わせの悪いこと。不運。

うべし。総て商人のその業《ぎょう》を営むや、その一挙一動は直接にその身の損益、貧富に関するものなれば、軍人の戦場に臨むと一般の心得《こころえ》なかるべからず。

殊《こと》に工業家の如きは、その身に負担する利害最も重きものなれば、その苦楽も亦《また》一層大なるものなり。目下《もっか》欧米の市場は各工業家の競争場にして、例えば甲市場にて一種百円の品を造るときは、乙市場にては同様の品を九十円にて造らんことを務《つと》め、又丙市場にては同じ百円の価《か》なれども甲の製品よりも一層良好の品を製出せんことを務め、各々他人の上に出《い》でんことを謀《はか》るの(122)志念《しねん》極めて篤《あつ》く、これがためにあるいは(123)工人《こうじん》の執業時間を延ばし、あるいは(124)原質《げんしつ》の買い入れ方を廉《れん》ならしむるの工夫を為《な》す等、その苦心(125)一方《ひとかた》ならず。

畢竟《ひっきょう》、何品《なんぴん》に限らず他人の物より品質の良好にして価格の低廉《ていれん》なるものにあらざれば、その業の盛大に至るべき道理なければなり。されば我が製造品の如きも広く内外に販路を開きてその利益を大《だい》にせんと欲せば、(126)冗費《じょうひ》を省き、製造を(127)慎み、その品を善《よ》くし、その価《か》を廉ならしむるより外《ほか》に妙案なかるべく、これ等は工業に従事する人々の最も注意す

122　志念は、心に強く思うこと。
123　工人は、労働者のこと。
124　原質は、ここでは、原料のこと。
125　一方ならずは、一通りでなく、非常にの意。
126　冗費は、無駄な費用のこと。
127　慎むは、ここでは、度を越さないように控え目にするの意。

べきところなり。

この他、直接に間接に商売の方法を改良し、商業の隆盛を謀《はか》るべき方法は一にして足らざれども、一々これを陳述するは(128)際限もなきことなれば、ここにこれを論ぜず。去《さ》り乍《なが》ら前にも申す如く、既に本邦の制度、文物《ぶんぶつ》悉《ことごと》く欧米の美風に則《のっと》り、改良を加うるの時なれば、商業社会に於いても早く従前の仕来《しきた》りを更《あらた》め、欧米の便宜法に倣《なら》うべきは今日の急務なるべし。苟《いやしく》も当局の商工家と政府の(129)当路者と(130)同心戮力《りくりょく》して、前述の改良方法を挙行することあらば、これだけにても、日本の商業上に著しき進歩をみるに至らんこと、疑《うたが》いを容《い》れず。予が今日の希望は、ただこのことにあるなり。

128 際限もなきは、限りがないこと。
129 当路者は、政府の要職に就いている人のこと。
130 同心戮力は、心を一つにし、力を合わせること。

2　内地雑居準備談

『内地雑居準備会雑誌』第一巻第二号
（一八九八（明治三一）年五月一〇日）に掲載

[131]鈴木さんが、[132]内地雑居改正条約実施準備ということについて心配をしているという相談を、私のところへ持って来た。これは至極《しごく》必要な企《くわだ》てであると思えば、私は大いに賛成を致します。

この内地雑居ということは、西洋の人にもアジアの人にも、今度日本に起ることが始めてであるのです。すでに欧米の人は、子供の時から総ての事柄がバイブル、即ち[133]耶蘇《やそ》の聖書から[134]割り出した教育を受けて生長して来ているのである。その耶蘇教の薫陶《くんとう》に寄って成り立った人間が、日本へ移住して、釈迦《しゃか》や孔子の教えで生長した日本人の、その法律の下に生活をするということは、これまで世界中何処《どこ》の国にもないことで、誠に日本にそういうことが新たに出来て来るのは、大いに喜ばなければならぬことである。

131　鈴木は、『内地雑居心得』（袋屋書店、一八九四年刊）の著者の鈴木純一郎と思われる。
132　内地雑居改正条約は、不平等な治外法権をなくす条約改正によって、必然的に居留地が撤廃され、内地雑居となることを表現したもの。77頁の注231「治外法権」、177頁の注94「内地雑居」参照。
133　耶蘇は、キリスト教のこと。
134　割り出すは、それを使って導き出すの意。

トルコのような大国でも、トルコの国に住《す》まっている西洋人は(135)マホメット宗の支配は受けぬ、皆、治外法権でやっています。然《しか》るに日本へ来る外国人はその治外法権を打破して、天皇陛下の法律に従うということになるのでありますから面白い。この内地雑居のことについては我が国民としてお互いに大いに研究しなければならぬ。この研究は至極《しごく》価値ある問題であると私は思います。

(136)新条約実施期も法典実施後一年を経過するの期《ご》に迫ってある故、臨時議会には無論通過するであろう。もしこの法典を通過させぬということがあらば、それこそ国家の大不利益である。(137)仮初《かりそめ》にも代議士たるものが条約改正に不同意を唱《とな》うるものは一人もないと思う。

それから雑居になると、内外人の間に資本の共通ということが始まらなければならぬ。今現に、世の中に(138)囂々《ごうごう》たる外資輸入というようなことも、やはり資本の共通である。この資本の共通が、滑《なめ》らかに東洋人と西洋人と相提携して商売を営んで往《い》ったならば、大いに利益を起こすことであろうと思う。ここで一つお話をするのは、資本共通のことについ

---

135 マホメット宗は、イスラム教。
136 新条約実施は、民法典制定と密接に関係し、民法典は一八九六年四月に公布、九八年七月に施行されたので、施行の一年後に行われた。
137 仮初にもは、仮にもの意。
138 囂々は、人々の声で騒がしいさま。

て、私がこういう考えを起こしたことがある。

(139)明治二十八年のちょうど八月の十一日であった。日清戦争の戦後の経営ということについて、この朝野《ちょうや》の人が皆心配をして、説を立てて色々な事柄を計画したことがある。戦後には必ず諸般経営の上にも、商業の上にも一頓挫《とんざ》を来《きた》さないか、これは忽《ゆるが》せにならない問題であるというために、官となく民となく大変に(140)攻究《こうきゅう》をした。

その折に私の献策したのは、こういうことであった。支那と日本と戦争をして、幸いに日本が勝った、それで(141)二億三千万両の償金を取った、台湾も吾が版図《はんと》になった。大変に喜ばしいようであるが、前途を考えると、大いに今から(142)戒心してかからなければならぬ。というものは、この戦勝のために、にわかに我が人民が奢《おご》って来た、(143)民度が高まって来た、それから事業が勃興して来た、そうしてみると結局資本が足りなくなるぞやという考えが起こった。二億三千万両の償金を取りて、こっちの金にすると三億万以上になる。

その金が満足に這入《はい》っても、戦《いくさ》をするために日本の人民から出した金が一億万以上ある。

139　大倉は、読売新聞連載の「戦後経済談」（二四～二七、一八九五年八月一一～一四日）で詳細に語った。187頁の注148「読売新聞…」参照。
140　攻究は、深く考え、その意味や本質を明らかにすること。190頁の注156「講究」、及び考究と同意。
141　二億三千万両は、ほぼ三億六千万円に当たる。当初の（賠）償金は二億両で、後に遼東半島還付金の三千万両が加わった。両は中国に於ける秤量銀貨の通貨単位。
142　戒心は、油断しない、用心すること。
143　民度は、人民の生活や文化の程度のこと。

これを差し引くと、跡《あと》二億万以上の金があるけれども、軍備の拡張やら軍艦の製造やらを勘定してみると金がなくなる。将来膨張する工業のために資本の欠乏を来《きた》すということは、目に見えている。この前途、そう明らかに見える以上は、この時機を利用せねばならぬ。幸い戦に勝った、償金は取った、取り込んだ償金はイギリスの第一等のバンク、英蘭《イングランド》銀行へ無利息で信用預《あず》けにしていると、こういうマア次第なんだ。

ココで外債を起こして将来外国の資本を(144)融通する手初めは、こういう時にしておかなければならぬということを私は見込んでいる。それで、どういう風にして外資を入れるかというと、その折には、日本の信用というものは、世界中に(145)非常なものであった。その場合で金を借りれば年三(146)朱《しゅ》の金が借りられる、百円の額面で三分の利息だ。仮に一億万円外債を起こすとする。そうして三分の金を借りて、その借りた金はどういう風に使うかというと、日本の政府が人民から借金をしているところの、五分の利息の公債証書を返すのである。而《しか》して三分の利息で借りて五分の公債を返すと、一ヶ年に二百万円ずつ利息の差が出て来る、それだけ儲《もう》かる。一億万円に対して五百万円払うのが三百万円で済むから、二百万円は年々浮いたものが出て来る。この二百万円をば他のことに使わずして、積んで

144 融通するは、ここでは、滞（とどこお）らずに導入すること。
145 非常なものであったは、ここでは、非常にあった、際立ってあったの意。
146 朱は、一割の十分の一のことで、分（ぶ）と同じ。

往《い》って利息を殖《ふ》やして往《い》くと、この利殖というものは大きなもので、二十五年目に一億万という(147)元金《もときん》は、利息の差より生じた金で返してしまうことが出来る。

こんな旨《うま》い勘定の出来る仕事をしておかなくてはならぬということを、その折に政府のお役人にも話をした。亦《また》民間の友達にも話をした。ところが誰一人として頷《うなず》く人がその時にはなかった。英蘭バンクに、一億三千万両の金を預けているんだ、そうしてこの後日本の金利は安くなる、事業が勃興する、台湾というような大きな島国が取れた、何の必要あってココで金を借りるか、トンでもない話だ。それよりも英蘭バンクに無利息で預けておく金を、日本へ持って来て内地の銀行へ預けておいた方が得だというような考えの人が多くって、今の私の論じた説には賛成者が極《ご》く少なかった。

そこでこれは後のためになるからというので、読売新聞の記者が私の意見を聞きに来た時に、戦後の経営ということについてそのことを話をしてやったら、(148)読売新聞は当時(149)悉《くわ》しく書いたことがある。しかしその時には人が誰も賛成しなかったが、今日《こんにち》は皆、そのことをいっているのです。代議士の人も実業家も皆、外資を入れて内国債を返済しなくちゃぁならぬ、あるいは鉄道を買ったら宜《よ》かろうというような、種々雑多のことを今日

147　元金は…返してしまうは、利息を積み立てて、複利計算した結果のことと思われる。
148　読売新聞に書いたことは、185頁の注139中の「戦後経済談」。
149　悉しくは、詳しくの当て字。

いい出して来たが、世間の人の大勢でやかましくいう時は、いつでも時機がおくれているようにおもわれるのです。

日本人同志ならばどうでも宜《よ》いが、外国と交渉することはなるたけ早く先を観《み》て手を着けなければ、つまり国が損をする恐れがある。それでこの内地雑居になるという時になったらば、前もって将来はこうなるだろう、してみるとこういう準備をしなくちゃぁならぬということを攻究するのは、大変に私は価値の多いことであろうと思うのです。

そこで、内地雑居になるについての、マア未来記をココでお話をしましょうが、こういうことになりはせぬかと思うのですネー。これから海関税《かいかんぜい》(150)が増額になり、条約改正の整理が皆付いた以上は、何ヶ月後には西洋人が内地に勝手に住まわれるということになる。そうすると外国から沢山に西洋人が来て工業を興す、鉱山も開掘する、生産上にも手を着ける、資本も持って来るだろう、こういう望みを持っている人もありますが、私はそう容易に望み通りにはまいるまいと思う。

何故そういうかというと、前に申したように第一、人種が違っている、宗旨が違っているというような国の人が、日本が文明の生活を助けるといったところが、実際どうだろうか、いまだ野蛮ではあるまいかということを危ぶむ人は多いのである。そうして多少財産

150　海関税は、輸出入税のこと。

があって、ヨーロッパに於いて快楽に生活をしている人は、ナカナカ容易に出て来ないと、こう思います。そうするとどういう種類の人が来るだろうという考えをつけなくちゃぁならぬ。

ここに於いて私が論じたいと思うのは、この日本が内地を開放して雑居を許す時に、一番先に来る者は、熱帯の海岸に棲《すま》っておって、インド人を取り扱っておった冒険根性のある、耶蘇《やそ》宗でない[151]宗門《しゅうもん》の外国人が這入《はい》って来はしないか、ということを恐れるのですなア。いわば[152]エデンあるいはカイロ辺《へん》に出稼ぎしておった、[153]替《かわ》った宗門の先生達が一番先に来そうなんだ。その奴《やつ》が沢山《たくさん》這入って来るのは甚だ閉口ですな。なぜならばその人達のために、従来神戸、横浜に営業して信用のある欧米人までが迷惑を蒙《こうむ》るであろうと思われます。

私は、これまで日本に滞在して我が国の事情のわかっている西洋人は、長く日本に止《とど》まるようにせなければならぬと思う。何故なれば、神戸、横浜に何ヶ年という間、在住して商売を続けている西洋人の中には、日本のために大いに利益を与えている人が多いです。どういうことが利益を与えているかというと、この日本の商売が年々殖《ふ》えて来た。例えば

151　宗門は、宗教、宗派のこと。
152　エデンは、アラビア半島南端のアデンのこと。
153　替ったは、変った。

絹のハンカチーフがヨーロッパへ出る、越前の羽二重《はぶたえ》(154)が出る、雑貨が出る、瀬戸物が出る、団扇《うちわ》はこう拵《こしら》えた方が宜《よ》い、陶器《やきもの》はこう拵えた方が宜い、繍物《ぬいもの》はこうした方が宜いと、種々苦心をして日本の商売を作り出したのは、神戸、横浜にいる西洋人に多い。日本人が皆、自分でやったものと思っているのは間違いだ。

そうすると、この日本の商売を作り出した外国人は、今日の日本の財産の中に算《かぞ》えても宜かろうと思う。始め考え出した商売から、追々《おいおい》手が延びて往《い》きますから、そういうような日本の商売に馴れて、日本の商売を作り出した外国人は本国へ帰り、その替《かわ》りにカイロやシンガポール辺にマゴマゴしておった狡猾《こうかつ》(155)な先生達が、沢山《たくさん》這入《はい》って来るということになると、日本人が大変に不利益を被《こうむ》る。こういうことも、このアナタ方の準備の上には、講究(156)しなくちゃあならぬことであろうと思う。

それから、愈々《いよいよ》日本が雑居を許すということになったならば、随分《ずいぶん》試《こころ》みに色々な外国人が来るだろうと思う。世界中の人が試みに見物に来る。この見物に来る人が、内地へ往《い》って方々《ほうぼう》を道中して歩いて、親しく人民の程度と、それから日本人の今日生活している実際の有様を視《み》て、国へ帰って、そうして彼等が想うには、なるほど日本の山の奥まで這入《はい》っ

154 羽二重は、上質の糸で織った純白の絹織物のこと。
155 狡猾は、悪賢いこと。
156 講究は、深く調べて明らかにすること。185頁の注140「攻究」と同意。

て視たが、案外野蛮ではない、生命にも財産の保護にも左程《さほど》に心配するということはない、まず気候の好い国でもあり、日本へ往って自分も生活をしたいという考えを起こさせるというのは、亦《また》改正条約実施準備会などの攻究すべきことであろうと思う。

ところが、今日そういう風な人が来ましても、旅行の案内をするものは、何人《なんぴと》がしますか。此奴《こやつ》はガイドといって、旅行の案内をする不完全な英語を覚えておって、あまり(157)品《ひん》行《こう》の善《よ》くない人達が、ただモウ外国人を見ると(158)貪《むさぼ》って、(159)棒先きばかり切るということを専門にしている奴《やつ》がくっ付いている。外国人が按摩《あんま》をとれば按摩の(160)アタマをはり、髪を苅《か》らせるというと理髪料のウワマイをはねるというような有様であるから、ナカナカ外国人に愉快な感情を与えるというのは、六ケ敷《むつかし》いことであろうと思う。又自分の(161)親属や、妻子を伴《つ》れて来て愉快な旅行をしようと思っても、今のようにケチな、小さな棒先を切るということがあれば、最も外国人の感情を害することとなる。

それで、内地雑居の準備をなさるならば、大いにガイドの改良を主張するのは、これが第一着手であろうと思うのです。彼等が給料の外《ほか》に棒先を切って、視察に来た人達に不愉

157　品行は、道徳の上から見た、行い、行状。
158　貪るは、欲深く物を欲しがるの意。
159　棒先を切るは、代金の上前（うわまえ）を撥（は）ねる、掠（かす）め取ること。
160　アタマは、ここでは、上前のこと。
161　親属は、親族。

快の念を起こさせるということのないようにするのは、真実[162]、内地雑居の準備をするということについて必要である。ただ雑誌などに書くよりか、実際のことに力を入れておきたいと私は望む。ガイドの働きにより、又仕様[163]《しよう》によって、日本へ来た旅行者の考えが定まるものである故、仮令些末《たといこまか》なことでも、彼我[164]《ひが》交際上大事なことでありますから、案内者の改正は努めて注意して貫いたい。

それから、この改正条約実施準備をする上について一番必要なことはですネー、本邦人の中でも攘夷[165]思想のある人が随分ある。この攘夷というものは何を恐れるのか知らぬが、外国人が来るから恐ろしい、地面[166]も取られるだろう、製造所も彼等の有《ゆう》になるだろう、公債も外国人の有になるだろうというのでただ怖《こわ》がっている人がある。これは大変に間違いだろうと私は思っている。そういうように十分研究しないで、ただ漠然たる考えより外国人を嫌がる奴が、日本の中に沢山《たくさん》あったならば、思慮分別ある外国人は来はしませぬ。それでこの攘夷思想をなるたけ無くするというような方便[167]《ほうべん》を攻究するのが、改正条約実

162 真実は、本当に、全くの意。
163 仕様は、仕方、やり方のこと。
164 彼我は、相手と自分、この場合は、外国人と日本人。
165 攘夷は、野蛮だとして外敵、あるいはある種の外国人を追い払うこと。93頁の注4「尊王攘夷」参照。
166 地面は、土地、地所のこと。
167 方便は、便宜的な手立てのこと。

施準備会の一《ひとつ》の必要なことであろうと思います。

何故私はそういうことをいうかというと、私は開港以来外国人と接して商売しておって、彼等の状態も事実も能《よ》く知っている。日本へ来て商売をした世界各国の外国人というものは大変に多いものだった。その多い中に幾分か財産を拵《こしら》えて帰っていったという人は(168)指を屈するよりない、開国以来三十有余年の間に誠に僅々《きんきん》たるものです。そうして日本の商売を作り出した人はかえって幾らもある。作り出したから沢山儲《もう》けたかといえばそうではない。

今日でもナカナカ横浜でも神戸でも日本の不景気を食《く》らって、困難している西洋人が幾らもあるのです。それでただ外国人を見れば、何か持って往《い》かれるということを恐れるのは甚だ違っているのであって、此方《こちら》が誠実に仕事をして往《い》き、そうして彼等と相《あい》提携して商売をして往くということでなければいかぬのであります。ただこの恐れるということは、大変な国に害を与えるだろうと思う。ごく臆病者のいうことであろうと思う。

それから、将来は日本人と西洋人と資本を集めて、シンジケートを組むとか、相提携《あいていけい》して商売をしなくてはいかぬ。西洋人と相提携して商売をするというのは、一番日本の利益であろうと思う。それは日本人も覚悟をしてかからなければならぬが、結局実力をもって

168　指を屈するよりないは、非常に少ないの意。

当たるより外《ほか》に仕様はないのだ。商売の原則も分からんで無暗《むやみ》に手を拡げるということは、第一慎しまなければならぬ。もともと商売をするにはこういう考えが必要だと思う。この商売の進みというものは誠に遅鈍なものなんだ。戦《いくさ》に勝ったから直ぐに何事も俄然発達して、諸工業が勃興すると思うのはエライ間違いだ。もともと遅鈍なのが原則なんだ。

今日、日本商人の中にも己《おのれ》の実力を計《はか》らず、株を沢山持ったり何かして苦しんでいるのは、この原則の軌道を踏み外《は》ずしたからのことだ。原則を守った者は左程《さほど》苦しんでおらぬようだ。それで、外国人が雑居する場合に日本人が心得《こころう》べきことは、商売の進みは遅鈍ということと、それから信用である。この信用の無い奴は首の無い動物だということさえ心《こころ》得《え》ていれば、随分《ずいぶん》外商と共に手を携《たずさ》えて発達することが出来るということをいっておきたい。どうしても日本の経済というものは、文明流儀による外《ほか》仕方がない。これから先は国と国との商売というものが一番大切だから、文明風に何事も改良して往《い》かなければならぬ。

それから、この商売の手続きを汎《ひろ》く知らせるためには、西洋風の簿記ですネー、それから英語、それから横文字の新聞が読めるようになり、横文字の手紙が書けるようにならなければ、損ばかりして第一不便で(169)本統《ほんとう》の金儲《かねもう》けが出来ぬ。この改正条約の準備をするについては、日本人としてはお互いにこのことは心配せねばならぬ。

169　本統は、本当。

それから、この日本へ新たに這入《はい》って来る外国人に対しては、なるたけこの野蛮の行為をせぬような事柄を汎《ひろ》く国民に訓練するということがごく必要だ。まるで外国人を見ると(170)毛唐人、(171)夷狄《いてき》だというようなことをいって、卑《いや》しめている者があるが、これが間接に非常な害をするのですネー。此奴等《こやつら》のために同胞人が(172)不測の害を被《こうむ》り、あるいは(173)国体を危《あや》うくすることがこれから起こるであろうと思う。

現に支那に於いてドイツの宣教師を二人殺したために、膠州湾《こうしゅう》を取られてしまった、こういうことは日本に起こらぬともいえない。準備会に於いてはそういう浅ましい野蛮の振《ふる》舞《まい》を、我が国人《くにびと》が為《し》ないような事柄を攻究なさる方が、最も(174)火急な事柄ではないかと思う。こういうことはどうか新聞を始め、官となく民となく足並を揃えて、世界に対して(175)外聞《がいぶん》の悪いことはしないようにするという、準備を攻究して貰いたい。

それから前にいった宗旨の違う人が重《お》もに来るだろうといったのは、ユダヤ人のことで、これはピンからキリまであるのです。善《よ》いユダヤ人ならば今でも沢山来ております。この

170　毛唐人は、欧米人または外国人を卑（いや）しめていう語。
171　夷狄は、未開の民や野蛮な外国人のこと。
172　不測は、思い掛けないの意。
173　国体は、ここでは国の意。
174　火急は、差し迫ったの意。
175　外聞は、世間での評判のこと。

横浜などへ来ている。[176]その旦那様はロンドンに住《あ》ってロンドンの市長の候補者になっているのです、候補者八人の内であるのです。大きなもんですなア、いつか市長になるでしょう。ソーいう風な人は少しも差し支えありませんな。ただそのインドの方にいるズット海岸にいる[177]渡《わた》り商人見たような先生が、沢山やって来ると困るんだ。

そうして、この日本をこれから先、発達させるには、どうしても外国の資本金と日本の資本金と共通して、鉱山なり、農業なり、工業なり興《おこ》して往《い》くという針路を執《と》るより他に仕方がない。その針路を執っていれば、東洋の日本国は一等国で将来繁昌するに相違ないと思う。ただ論じてばかりおっても論じ栄《ば》えがせずして、チッとも効能がないと思う。自分が考えて宜《よ》いと思ったことならば、仮令《たとい》微弱なりと雖《いえど》も実際に行《おこな》って往《い》かなければいけませぬ。

考えましたら色々お話することもありましょうが、大体[178]出たらめに考えついたことをお話したのであります。幾らかアナタ方の御参考になりますか、いかがですか。

176　その旦那様は、一九〇二年にロンドン市長になったユダヤ人、マーカス・サミュエル（一八五三～一九二七）と思われる。彼は一八七六年、二三歳の時に横浜でサミュエル商会の日本支店を開いた。サミュエル商会については220頁の注255「サミユル商会」参照。

177　渡りは、一ヵ所に長く定住しないで移動するさま。

178　出たらめに…お話したは、出たらめは、出鱈目で、筋道や事実にかまわず思い付いたことを語ったの意。

3　余の実験せる楽天生活

『実業之日本』第一〇巻第八号

（一九〇七（明治四〇）年四月一五日）に掲載

いつも愉快に前進するの修養

自分は昨年、既に古希《こき》(179)の寿莚《じゅえん》を開いたくらいで、人生の浮沈成敗《せいばい》は既にほとんど踏み尽くしたのであるが、もしこの間に於いて自分が暫《しば》(180)くでも不愉快な心持《こころもち》になったならば、自分はたちまち健康を損じ、従って事業も半途にして蹉跌《さてつ》(181)するようなことになったかも知れん。然《しか》るに幸いにして自分は一日と雖《いえど》も愉快なる精神を失わなかった。いかなる困難の場合でも、いかなる失敗の場合でも、常に愉快なる精神——楽天といえば語弊があるかも知れん——愉快なる精神をもって、前途に向かって邁往《まいおう》したのだった。もとより初めは

179　古希の寿莚は、大倉が七〇歳・古希を迎えた祝賀の園遊会で、一九〇六年一〇月二三〜二五日の三日間にわたって開催された。寿莚は、寿宴と同じで、長寿の祝いのこと。

180　暫くは、少しの間の意。

181　蹉跌は、躓（つまず）く、失敗する、しくじって行き悩むこと。

そうもいかない場合もあったが、段々修養の結果、ついにそれが第二の(182)天性のようになってしまった。今その実験について少し陳《の》べてみよう。

楽天生活に必要なる第一要件

さて毎《いつ》も愉快なる精神をもって前進しようと思うならば、第一に、真の成功は遅々として進歩するものであるということを悟《さと》らねばならぬ。

たちまち失望したり、たちまち(183)煩悶《はんもん》したり、たちまち不愉快なる心持になる者の多いのは、成功を急ぐからである。否、成功は急いで取れるものと誤解しておるからである。ところが真の成功はなかなか急いで取れるものではない。やはり草木が気候と共に発育するように、本人の年齢と共に、又時勢の進歩と共に徐々として発展して往《い》くものである。然《しか》るにこの理《り》を悟らずに、急いで取ろうとする、取れない、そこでたちまち失望したり、煩悶したり、不愉快なる気持《きもち》になるのである。もし始めから真の成功は遅々たるものであるということを悟っていると、軽々しく心配したりすることがなくて、いつも平然として

182 天性は、生まれつきの性質、もの。
183 煩悶は、色々悩み、苦しむこと。

いることが出来る。

楽天生活に必要なる第二要件

次には、社会でも、箇人《こじん》[184]でも、凡《およ》そ進歩というものは波の如きもので、時には高くなり、時には低くなりして、その間《かん》に進歩するものであるということを悟らねばならぬ。

少し順境[185]になって来るとスグ喜び、少し逆境になって来るとスグ悲しむのは人情である。しかし、これは一高一低は進歩の順序であるということを知らぬからで、能《よ》くこの理《り》を悟ってしまうならば、一時の逆境くらいは決して心配するに足らぬ。即《すなわ》ち、少し忍耐して待っておりさえすれば、そのうちには必ず又順境に向いて来るのである。この理を知らないで、少し風向きが悪くなると無闇《むやみ》に心配して、無理な細工《さいく》でもしようものなら、それこそかえって取り返しのつかぬ悲境に陥《おちい》ってしまうようなことがある。吾人《ごじん》は波の上にいるようなもの、少しくらい高くなっても驚いて喜ぶにも当たらず、又低くなっても騒ぐにも及ばず、忍耐して働きさえすりゃ、一高一低の間にいつしか進歩するものであるという

184　箇人は、個人。
185　順境は、物事が都合良く運んでいる境遇のこと。後出の「逆境」の反対。

確信をもっていれば、心はいつも愉快である。

楽天生活に必要なる第三要件

第三に必要なることは、何事も自《みずか》ら是《ぜ》なりと信ずることをやるということである。

通常多くの人の心を痛めているのは、己《おのれ》に対する他人の毀誉褒貶《きよほうへん》である。こうすれば人はどういうであろうか、そういう風に誤解されては誠に困るが……というようなことで常に頭を悩《なや》している。これはいかにもつまらぬ話で、他人の毀誉褒貶を気に病《や》んでいるようでは、ちょうど天気でなければ旅が出来ぬといっているのと同じこと、生涯安心して仕事をする機会はないのである。これというのも畢竟《ひっきょう》自信がないからで、自信さえあるならば、人がどういおうが、こういおうが、即ち、自分さえ是《ぜ》と信ずるならばどしどし実行して、毀誉褒貶《きよほうへん》に(186)頓着《とんちゃく》しないということが必要であり、既に他人の毀誉褒貶に頭を痛めることがなかったならば、心はいつも愉快である。

186 頓着しないは、気にしない、深く気に掛けずこだわらないこと。執着。

楽天生活に必要なる第四要件

第四に必要なことは、事の大小に拘《かか》わらず、陰険《いんけん》な手段を(187)弄《もてあそ》ばないようにすること、即ち、何事でも公明正大にやって行くということが特に必要である。

陰険なことをすると、たとえそのことの成就《じょうじゅ》すると成就せざるとに拘わらず、己《おのれ》の心はいつも不愉快である。例えば曇天《どんてん》の日に傘を持たないで旅行するようなもので、今にも降りはしまいかと心配しながら歩いているのでは、いくら好《よ》い景色を見ても、少しも愉快じゃない。もし初めから公明正大なる心でやっているならば、たとえその結果が不幸にして面白く行かない場合でも、自分であきらめというものがつくから、少しも無益な心配をする必要がない。極めて気楽なものだ。

楽天生活に必要なる第五要件

第五に是非いっておかなければならぬことは、何事をするにも良心と相談して、良心がやれと命じた方向に向かって進んで行くことである。

187　弄ばないは、用いないこと。203頁の「弄せざる」と同意。

人間は何が苦しいといったって、良心の呵責《かしゃく》に遭《あ》うほど苦しいものはなく、又何が愉快だといって、良心に賞《ほ》められるほど愉快なことはない。良心さえ常に己《おのれ》の味方になっていってくれれば、天下を挙げて皆敵となるもビクともするには及ばず。又いかなる失敗と逆境に陥《おちい》っても、笑ってこれに処《よ》ることは決して難《かた》いことでない。まあ真の楽天といえば、常に良心の(188)嘉賞《かしょう》を無上の愉快として絶えず進んで行くのであろう。

余が五十年間の実験

自分は(189)既往《きおう》五十年間を回顧すると、随分《ずいぶん》長い間のことであるから、失敗は数え尽くされぬほどある。又失敗でなくとも時勢の不可なるために事業が予定の如く進行しないで、かえって(190)往々《おうおう》意外の成行《なりゆ》きを見ることがある。しかし、自分は常に愉快なる精神をもって断々乎《こ》として、一切の毀誉褒貶《きよほうへん》、浮沈盛衰に頓着なく邁進《まいしん》するの方針で今日《こんにち》までやって来た。

それというのも畢竟《ひっきょう》、第一、真の成功は遅々《ちち》として進歩するものであるから早く成功し

188 嘉賞は、良しとして、褒め讃（たた）えること。
189 既往は、過ぎ去ったの意。
190 往々は、時々の意。

ないからとて、失望するに及ばずということ、第二、進歩発展は波のような工合に一高一低で進んで行くから、一時沈むようなことがあっても騒ぐに及《およ》ばざることを堅く信じ、第三、自から信じて是《ぜ》なりとするところに向かって邁進《まいしん》すること、第四、陰険な手段を弄《ろう》せざること、第五、何事とも必ず良心と相談すること、などを実行することに勉《つと》めたからであろうと信じている。そして歳《とし》既に七十を超え、なお事に当たって疲るるを知らざるは、常に愉快なる心をもって仕事をしているからであろうと思おている。

4　余は自己の趣味に関して福沢先生といかなる談話を為《な》したるか

『実業之日本』第一一巻第二五号（一九〇八（明治四一）年一二月一日）に掲載

余は何故多く仏像を集めたか

この間、支那の(191)唐紹儀《とうしょうぎ》という人が来て、(192)私の方の美術館を見て、仏像の多いということからこんなことを話された。支那の諺《ことわざ》に、仏《ぶつ》を愛してこれを安置する人の家には運の神が走り込んで来るというがあるが、大倉君は非常に多くの仏を(193)金殿楼閣《きんでんろうかく》の中に安置しておられる。こういう立派な家に安置されているのは、きたない寺の中に塵芥《ごみ》を被《かぶ》っておるより、仏はどれほど仕合《しあわ》せか分からない。定《さだ》めし仏も大いに悦《よろこ》んでおることであろうし、

191　唐紹儀（一八六〇～一九三八）は、清朝末期に高官でありながら革命派を支持した政治家。
192　私の方の美術館は、大倉が一九〇二（明治三五）年頃に赤坂自邸内に設けた施設で、後の一九一七（大正六）年に財団法人大倉集古館となる。
193　金殿楼閣は、すこぶる美しい家屋敷のこと。金殿玉楼。

当人たる大倉君の幸福となることも非常なものであろうとの話をした。

いったい私はどんな動機から、かように仏像を集むるようになったかというに、元来が彫刻が大変に好きであったところに、御承知の如く御維新前までは神仏は一緒で、伊勢の大神宮様の神主《かんぬし》の御《お》方々でも、生きて神に仕《つか》える間は神徒《しんと》(194)で、死ねば仏《ぶつ》になるというわけで、則ち葬式は仏葬でやったもので、神主の家には仏もあれば仏檀もあったくらいで、その外《ほか》、鎌倉の八幡《はちまん》、熱田《あつた》の一ノ宮、多賀の大社《たいしゃ》など、大抵《たいてい》な神社には仏像、仏画が共に安置されてあったものである。それが御維新後、(195)神仏を分離することになって、その時に仏の居処《いどころ》がなくなって、全くの宿無《やどな》しの仏が沢山に出来た。私はそれを気の毒だと思うて、その中で彫刻の善《よ》く出来た仏を吟味して取り寄せたのがそもそもの始めで、有り難いという方《ほう》でなく、自分が仏を救うたわけである。

194　神徒は、神道を信仰する者。
195　神仏を分離とは、明治初頭、新政府が神道と仏教とを区分したことで、これを機に全国各地で廃仏毀釈（はいぶつきしゃく）運動が起こった。

福沢先生は余に向かって何をいわれたか

先年[196]、福沢先生[197]御壮健の折、拙宅へまいられた時、仏像の沢山あるのを見て、一体仏像は御寺《おてら》にある方が工合《ぐあい》良いように思われる、俗の宅[198]には不釣合のようにみえるから、やはり寺へ寄付したらよかろうといわれたことがあった。その時私は、この仏様《ほとけさま》は神社仏閣にあったのが俗間《ぞっかん》[199]へ売られて道具屋の店頭に塵《ちり》だらけになっておったのや、あるいは外国へ買われて遠く行くのを買い取って安置したのでありますが、寺へ寄付しても仏《ぶつ》は再び二度のうき目をみるかも知れず、やはり救っておく方がよかろうと思いますというと、先生も大笑いしたことがあった。

余は仏像によりていかに精神修養をなすか

さてこうして仏像を取り蒐《あつ》めてみると、なかなかそれが面白くなって、それから支那、

196 先年は、何年か前の意。
197 福沢先生は、福沢諭吉（一八三五〜一九〇一）で、慶應義塾の創始者。大倉のこの談話掲載の七年前に死去している。
198 俗の宅は、民間人、一般人の家。後出の「俗間」参照。
199 俗間は、世間、民間、普通の世の中の意。前出の「俗の宅」参照。

朝鮮、インドなどからも仏像を取り寄せるようになり、西蔵《ちべっと》の方のも河口慧海《かわぐちえかい》[200]師から送って貰って、東洋の仏《ぶつ》は大抵集まって来た。又画像の方も善《よ》いものを集めることにして、有名な画家の書いたものはたいてい今日では集まっておる。名工巨匠の手に成った仏像や仏画は、何時《いつ》見ても実に気持がよい。少しも悧口《りこう》そうな顔もしていなければ、他《た》に求むるところもない。皆、善を勧《すす》め、悪を懲《こら》す威厳と慈悲の相《そう》を備えて、何ともいえない味わいのあるものである。

それで私は忙しい身体であるから、毎日美術館に入り込んでいるわけにはいかないが、暇《ひま》のある時には何時でも美術館に行って、仏を見てその精神の崇高さを感じ、これによって連日の[201]劇務に鞅掌《おうしょう》して[202]俗了した精神を、全くの別天地に置いて万事を忘れているが、これが私の精神休養になって精力と元気とを養う次第である。

200　河口慧海（一八六六～一九四五）は、サンスクリット語・チベット語の仏典を求めて密かにチベットへ入国した僧で、大倉は河口に経済的支援をした。
201　劇務に鞅掌は、忙しく働いて暇のないこと。劇務は激務。
202　俗了は、神聖な、高雅なものが、世間一般の下らないものになること。212頁の注221「俗化」参照。

仏像にはいかなる趣味があるか

元来、私などのように日常劇務に鞅掌《おうしょう》している者は、時々眼先《めさき》の変った風景の好い処《ところ》に出かけるとか、あるいは自分のやっておる職務と全く縁の遠い、書画とか美術、音楽などを見、あるいは聴きなどして心を楽しましめ、心機を転換せしむることが自分の健康を養う上にも極めて必要であると思う。

その中で私は仏像に最も趣味をもって、美術館の中には沢山の仏像を安置しておる。いったい仏《ぶつ》とは何であるか。男であるか女であるか、老翁《ろうおう》であるか老婆《ろうば》であるか、若いものであるか年寄りであるか、以上何《いず》れでもない。男にも属《ぞく》しなければ女にも属しない。実に(203)変挺《へんてこ》なものであるが、元来仏というものを造るのは広い意味の博愛、慈善というような精神と、侵《おか》すべからざる威厳とを形に現わしたもので、(204)不動明王《ふどうみょうおう》といって右の手に剣を握り、左の手に縄を取りて歯を食い出し眼を怒らし、(205)仏法を妨げようとする悪魔、(206)外道《げどう》を(207)征伏《せいふく》しようとして突っ立っておる恐ろしい姿をしたのがあるが、あれなども決

203 変挺は、何とも変でおかしい、馬鹿げていること。
204 不動明王は、動かざる尊者（明王）の意で、仏教の信仰対象。
205 仏法は、仏の説いた法、仏道。
206 外道は、道に外れた人のこと。
207 征伏は、征服。

してあんな姿のものが何処《どこ》の世界にもおるわけではない。

あれは容貌を仏法守護の形に造って、体をば(208)不動知というに取ったので、不動知というのは石か木のように無性《むしょう》なものではなく、向こうへも後にも左にも右にも(209)十方《じっぽう》に心は働かせながら、ちっとも物に(210)凝滞《ぎょうたい》せぬ心をいったもので、人間がこの不動知を明《あき》らめてこの(211)心法を善《よ》く心得《こころえ》れば、悪魔も決して害を為《な》し得ないものであるとのことを形をもって示したものである。

又(212)千手《せんじゅ》観音といって千の手を持った観音様があるが、あれも実際、千の手を持った仏《ほとけ》があるわけではなく、これも人間が不動知の悟りが開けておれば、千の手があっても皆それぞれの用を為《な》すことが出来るということを示したので、その他いずれの仏像にも皆それぞれの精神と教訓とが備わっておる。それで昔の名工が仏像を刻《きざ》むには一刀三拝といって、一つ削っては三度礼拝して(213)斎戒沐浴《さいかいもくよく》して精神を籠《こ》めて彫刻したものであって、名工ので

208　不動知は、心を四方八方に自由に動かし、一つのことには決して捉われないこと。
209　十方は、東、西、南、北の四方と、東南、西南、西北、東北の四維（しゅい）、それに上、下の二方向を合わせた十方向をいい、あらゆる方角のこと。
210　凝滞は、滞（とどこお）って進まないこと。
211　心法は、心のあり方のこと。
212　千手観音は、千本の手と各々の手に目を持ち、総ての人達を救済しようとする広大無限の慈悲の心を持つ観自在菩薩。
213　斎戒沐浴は、神仏に祈ったり、神聖な仕事に従事するのに先立ち、飲食や行動を慎み、水を浴びて心身を清めること。

あれば必ず仏の精神が備わって、あるいは慈悲の瑞相《ずいそう》(214)を備え、冐《おか》すべからざる威厳を有しておるものである。この精神の備わっていないのは拙作である。

214　瑞相は、めでたい人相、福相のこと。

5　予が感服したる大覚寺(215)の和尚《おしょう》の言行と世評に対する予の覚悟

『実業界』第一巻第三号
（一九一〇年（明治四三年）七月一日）に掲載

渋沢さんは渋沢さん、私は私だ

昨年、渋沢男爵が実業界から退隠《たいいん》(216)されたというので、この私に向かっても色々なことを聞く者があった。が、渋沢さんは渋沢さん、私は私で、何も人真似をすることは要《い》らぬ。人真似をするのは、自分に確信がないからである。自分に確信さえあれば、別に人の振りを見る必要はない。私は私の主義として、目を瞑《つぶ》るまでは飽くまでも勤労《はたらき》を続けたい。若い時分からの習慣を一朝《いっちょう》(217)にして改めるのは、第一身体《からだ》の健康にも良くないからで、とにかく、私には楽隠居などの意思は毛頭(218)ないのだ。

215　大覚寺は、京都嵯峨にある真言宗の寺院。
216　退隠は、長く務めた職を退いて閑散の身となること。隠退。
217　一朝は、わずかな時日のこと。48頁の注106「一朝一夕」、173頁の注71「一朝夕」と同意。
218　毛頭は、少しも、いささかも、全くの意。

この目の玉の光っている間《あいだ》は

今はもう入寂《にゅうじゃく》(219)されたか知らぬが、大覚寺の前の和尚《おしょう》はナカナカ偉い坊様であった。隠居の身となるや否や、早速沢山《さっそくたくさん》の人を雇って来て、その隠居所の周囲《まわり》一面にウンと茶の木を栽培《うえ》させ、自分も黒汗《くろあせ》(220)になってそれを指揮監督しておられた。見る者が皆驚いて、「あの和尚はどうしたのだろう、(221)俗化の仕方があまり激しい」などと噂し合っていたが、燕雀焉《えんじゃくいずく》(222)んぞ鴻鵠《こうこく》の志《こころざし》を知らんやで、和尚のいうところを聞いてみれば、なるほどと首肯《うなず》かれる。

「愚衲《わし》(223)は既に隠居の身となったけれども、身体はまだ矍鑠《かくしゃく》(224)としているから、目の玉の光ってる間は何か働かねばならぬ。終日為《な》すこともなく、この貴い光陰《つきひ》を送るというのは、いかにも勿体《もったい》ない。で、まずこの通り茶を栽培《うえ》させてみた。収支の計算が相償《つぐな》い、多少でも一国の生産を増すこととも相成《あいな》らば、愚衲の望みは満足で、この次からは今一層奮発し

219 入寂は、僧が死ぬこと。
220 黒汗になっては、汗びっしょり、陽（ひ）に焼けてまっ黒になっての意。
221 俗化は、神聖なものが、世間一般の下らないものになること。207頁の注202「俗了」参照。
222 燕雀…知らんやは、燕や雀等の小鳥にどうして鴻鵠（大きな鳥）の志が分かるだろうか、小人物には大人物の大きな志は分からないという意味の例え。
223 愚衲は、僧が自分を指す言葉。
224 矍鑠は、元気なさま。

て、木の数もウンと殖《ふ》やす心算《つもり》じゃ」といっておられたが、これ頗《すこぶ》る我輩の意を得ている。

乞食《こじき》といわれるが坊主の名誉

和尚又曰《いわ》く、「いう人には好きなように言わせておく、しかし坊主が茶を栽培《うえ》たからとて、何がそんなに不思議じゃ。仏法と俗事とはそんなに懸け離れたものではない、イヤ俗事を離れては仏法の必要はなくなる、仏法を俗界に超然たるもののように考えているのは、大きな間違いで御座《ござ》る」と喝破《かっぱ》(225)し、「イヤ間違いといえば坊主の中にも随分不心得《ずいぶんふこころえ》な奴があるわい。人から乞食坊主とでもいわれようものなら、火のようになって怒るが、これが抑々《そもそも》の大間違いで、坊主はもともと法を説きながら乞食をして歩いたものじゃ。この鉄鉢《てつばち》(226)――これも真実《ほんとう》は木製ではない、皆、鉄で拵《こしら》えたもので、家毎《やごと》に法を説き回って、そこで米なり野菜なりを貰えば、それをそのまま火に懸《か》け、何もかも混同《ごっちゃ》に煮て食ったものじゃ。かように勇猛精進《しょうじん》してその使命を果たしたものじゃから、乞食坊主と呼ばれるのは坊主としてむしろ名誉というべきわけじゃ」と常《いっ》も談《はな》された。

225　喝破は、誤った説を斥（しりぞ）け、正しい説を確信して言い切ること。
226　鉄鉢は、僧が托鉢（たくはつ）で食物等を受けるのに用いる鉄製の鉢のこと。

世評を苦にしては仕事は出来ぬ

実業家もいわゆる乞食坊主の如く、飽《あ》くまでも勇猛精進してその使命を果たすという奮闘心がなければならぬ。何でも自分の信念を(227)鞏固《きょうこ》にして、仮令《たとい》他人《ひと》が「(228)こせづく」と笑おうが、「(229)吝嗇漢《けちんぼう》」と嘲《あざけ》ろうが、そんなことには一切頓着《いっさいとんちゃく》せず、自分の信ずるところに向かって飽くまでもやり通さなければならぬ。私などは若い時から、苟《いやしく》もこうと心に決したことは、他人《ひと》の批評や世間の思惑などを顧みず、ズンズン断行して来たものだ。他人の毀誉褒貶《きよほうへん》を一々気にしていた日には、何事も出来るものでない。自分の頭脳《あたま》で、「これならば天地に対し毛頭《もうとう》愧《は》ずるところはない」と判断した以上は、(230)颯々《さつさつ》と思い切りよく断行するに限る。世間には褒《ほ》める人もあれば、又謗《そし》る人もあるに定《きま》っている。皆が皆に褒められる者は、まず(231)常人《じょうじん》にはありそうもない。

227 鞏固は、強くしっかりしているさま。強固。
228 こせづくは、気持ちにゆとりがなく、こせこせすること。こせつく。
229 吝嗇漢は、けちな男のこと。りんしょくかん。
230 颯々は、さっと風が吹くように手早くの意。
231 常人は、普通の人、世間一般の人。

万人に誉《ほ》められる人は考え物

かつて徳川家光公《こう》(232)の御前に於いて、「何某《なにがし》は世間の人々が皆褒《ほ》めている」というようなことを話しておると、公はこれを聞きつけて、「凡《すべ》て一様に誉《ほ》めらるる者にとかく善人は少ないものじゃ。半《なか》ば誉められ半ば誚《そし》らるる者こそ採《と》りところはある。誰の気にも入る者は、資性《しせい》(233)軟弱で、物事に雷同付和(234)するか、さもなければ阿諛諂佞《あゆとうねい》(235)、人の気に入ることばかり考えている。半ば誉められ半ば誚らるる者の上について、何故誉められ何故誚らるるのかと、よく道理にかけて考えてみれば、その善悪は自ずから顕《あら》わるるものじゃ。例えば、訴《うった》えを聴くにも、一方は勝ち、一方は負ける。負けた者は奉行を誚り、勝った者は奉行を誉める。双方から共に誉めらるる理《わけ》はない」といわれたそうだ。いかにもこの通りで、皆が皆に誉められるのは阿諛諂佞の小人《しょうじん》か、あるいは奸智《かんち》(236)に長《た》けた梟雄《きょうゆう》(237)か、又常識外れの大馬鹿者でなければ出来ぬ芸当である。要するに、世間の毀誉褒貶《きよほうへん》の如きはあまり気

232　徳川家光（一六〇四～五一）は、江戸幕府の第三代将軍。
233　資性は、生まれつきの才能や性質のこと。資質。
234　雷同付和は、自分に確固とした考え、主義、主張がなく、安易に他者の考えに同調すること。付和雷同。
235　阿諛諂佞は、相手の機嫌（きげん）を取ろうとして、心にもないことをいったり、気に入れられるように振舞うこと。
236　奸智は、よこしまな知恵のこと。悪知恵。
237　梟雄は、残忍で勇猛な人のこと。

にかけず、自分の信ずるところに向かって猛進すべきじゃ。

6　居《い》貿易と出《で》貿易

『新日本』第六巻第一〇号
（一九一六（大正五）年一〇月一日）に掲載

一

維新前後の我が貿易状況について、せっかくのお尋ねであるから、自分の(238)実験上より一通りのお話しを致して、御質問にお答え致したいと考える。

維新前後には、貿易に二様の名称があって、一方を居貿易と称《とな》え、他方を出貿易と呼んでいた。居貿易とは、居ながら貿易に従事する諸国の貿易を指し、出貿易とは、遠く海外に出張して、貿易に従事する諸国の貿易をいったもので、当時の東洋諸国はたいてい居貿易、泰西《たいせい》諸国は出貿易の姿であった。

238　実験上よりは、ここでは、経験上よりの意。129頁の注149「実験の智識」、197頁の「3　余の実験せる楽天生活」参照。

当時の泰西諸国は、いまだ今日の如くに我が日本を(239)理会《りかい》しない時代であるから、出貿易のために泰西より我が日本に来た人々も、今日の如き善《よ》き人々は来ず、たいていは(240)山師《やまし》的の人物が多く集まったのである。

自分は(241)疾《と》くより外国相手の商業に従事していた関係上、朧気《おぼろげ》ながら居貿易と出貿易の大体の区別を(242)知悉《ちしつ》し得たものの、これが利害得失に至ってはいまだ容易に理会し得ざるがため、親しく実地に海外の商業を視察して、これが利害得失を攻究せんと志したのが、明治五年に於ける自分の洋行の動機であった。

さて愈々《いよいよ》泰西諸国を巡視してみると、この頃でも既に沢山《たくさん》の人々が留学していたが、孰《いず》れも政府より派遣せられて政治法律を学ぶ学生で、(243)治国平天下《ちこくへいてんか》を志す政治舞台の人々、否、寧《むし》ろ将来の政治舞台に出る(244)書生で、薩長土肥の人々が多数を占めていたが、我が貿易発展のために、親しく彼《か》の地の商業視察に出掛けたものは自分一人であった。

そこで自分は、実地に経験、研究したるところにより、居貿易と出貿易の利害得失を察

239 理会は、理解。
240 山師は、投機的な事業者のこと。
241 疾くよりは、ずっと以前からの意。疾（と）っくから。
242 知悉は、細かい点まで知り尽くしていること。
243 治国平天下は、国をうまく治め、天下を平和にすること。
244 書生は、学生のこと。特に、他人の家に寄宿して、家事を手伝いつつ、勉強する学生だが、ここでは、単に学生の意。76頁の注228「政治書生」参照。

するに、出貿易の国は益々発展して往《い》くが、居貿易の国は孰《いず》れも衰微《すいび》の有様であるから、我が日本も従来の居貿易に甘んじ、外国商人の横浜にいる所まで出掛けて往《い》って取引する状態では、我が商業は衰微《すいび》して行くばかりである。苟《いやしく》も日本の商業的膨張発展を希望するならば、将来は盛んに出貿易を行わねばならぬ。日本は決して支那やビルマの如き衰微の国となりたくはない。それにはこの際、まず自分が率先してこのことに当たろうという大決心が、その時の自分の胸に(245)勃然《ぼつぜん》と湧起《ゆうき》したので、帰朝後、明治七年に至って、小さい部屋借《が》りながらも、自分自らロンドンに支店を設けて直接、出貿易に従事した。これが日本人として海外に支店を設置した(246)嚆矢《こうし》である。

もとより日本人が誰もいまだ気のつかぬ無経験の時代に、(247)先鞭《せんべん》を着けたことであるから、随分《ずいぶん》種々の困難に遭遇したが、元来自分が海外支店設置の(248)本志《ほんし》は、日本商人も出貿易をして外国と直接取引をしたい、そして将来は一切《いっさい》在留外国人のお世話を受けぬようにしたいという点にあったから、多少の犠牲はもとより惜しまない覚悟で、冒険的にこれを敢行した。ところがその結果はどうであるか。最初のうちこそ外商の勢力は相変わらず旺

245　勃然と湧起は、急に盛んに湧き出ること。
246　嚆矢は、物事の初まりのこと。
247　先鞭を着けるは、他に先んじて着手すること。
248　本志は、第一に考えていたこと。本意、本懐。

盛で、日本の対外貿易の(249)枢機《すうき》はほとんど横浜、神戸その他の外商の手に掌握《しょうあく》され、多大の利益を(250)壟断《ろうだん》されて、空《むな》しく観望するの外《ほか》ない状態にあったが、漸次《ぜんじ》我が商人が自覚し、敏活の度を増すに至って、外商の勢力は漸次駆逐され、今日はあえて外国商人の(251)鼻息《びそく》を窺《うかが》わずとも、日本商人自ら貿易のことを(252)弁《べん》じ得るのみならず、むしろかえって彼より(253)辞を卑《ひく》うして取引を希望し来《きた》るの有様となった。

かくの如くであるから、貿易仲介業者として、中間に利を占めた外商たちも、今日では往時《おうじ》の如き利益を得られなくなった結果、たいていはその事業に見切りをつけ、むしろその経営費を損するよりも店舗を閉鎖した方が(254)打算上利益であるとして、帰国する者がその数を増した。彼の(255)サミユル商会の如きも、一時は随分盛大に事業をやって、日本居留の外商界に(256)覇《は》を唱《とな》えたものであるが、今日《こんにち》は手を縮《ちぢ》めて、本国引揚げの準備を整えてい

---

249 枢機は、要（かなめ）、要所のこと。221頁の注257「枢要」と同意。
250 壟断は、利益や権利を独り占めにすること。
251 鼻息を窺うは、相手の意向・機嫌を気にすること。
252 弁じ得るは、物事を取り扱うこと。
253 辞を卑うするは、謙ったいい方をすること。
254 打算上は、利害・損益等を見積もる、かんがみること。
255 サミユル商会は、サミユエル商会（Samuel Samuel & Company）で、英国の貿易会社。大倉組とは台湾樟脳（しょうのう）の取り扱いを巡って競争したことがあり、後に石油取り扱い業務を拡大し、現在のローヤル・ダッチ・シェル会社（一九〇七年設立）の基の一つとなった。マーカス・サミュエルについては、196頁の注178「その旦那様」参照。
256 覇を唱えたは、支配者、勝利者となったの意。

る有様なるに引き換え、我が商人が海外到る所の(257)枢要《すうよう》の都市に支店を設置し、盛んに出貿易に従事しているものは、(258)三井、郵船、正金、高田、野沢等を始め、ほとんど枚挙《まいきょ》に暇《いとま》なき盛況で、今を距《さ》る五十年前、自分が始めて出貿易の我が国発展に必要なるを認め、及ばずながら(259)陳呉《ちんご》の先駆《さきがけ》に擬《ぎ》せんと決心したる当時を回顧すれば、実に(260)雲泥宵壌《うんでいしょうじょう》の相違で、当時自分は出貿易の必要を確認しながら、この成功は到底一朝一夕《いっちょういっせき》の奮闘努力で(261)企及《ききゅう》すべきにあらず、あるいは自分の一生涯に於いてすら、その(262)曙光《しょこう》を認め得らるるや否やほとんど悲観の他《ほか》なき有様であったに拘《かか》わらず、国家の寿命としては真に(263)一転瞬《てんしゅん》に過ぎざる(264)僅々《きんきん》五十年の短時間に於いて、我が(265)皇威は(266)四表《しひょう》に光被《こうひ》し、国光は(267)四海《しかい》に輝き、消極的の居貿易は積極的の出貿易と一変し、(268)史乗《しじょう》空前の国富増進は、国

257　枢要は、最も大切な、重要なの意。220頁の注249「枢機」と同意。
258　三井、郵船、正金、高田、野沢は、三井物産、日本郵船、横浜正金銀行、高田商会、野沢屋を指す。
259　陳呉の先駆は、秦に対する最初の反乱を起こした陳勝と呉広の略で、物事の初めとなることを指す。
260　雲泥宵壌は、差異の甚だしいこと。
261　企及は、努力して追い付くこと。
262　曙光は、良いことの起こり掛かる兆（きざし）のこと。
263　一転瞬には、一まばたきの間で、またたく間にの意。
264　僅々は、僅かなこと。
265　皇威は、天皇の威光のこと。
266　四表に光被は、天下にあまねく及ぶこと。
267　四海は、天下、世界のこと。
268　史乗は、歴史上の意。史上。

家のため、まことに慶賀に堪えざる次第である。

二

今や我が国には金貨の集積すること既に六億余円、かくの如きは日本(269)開闢《かいびゃく》以来未曽有《みぞう》のことであって、維新前には国家の財庫に多数の小判が充実していたといっても、今日の何分の一に当たるほどであったろうと思われる。漏れ承《うけたまわ》るに、(270)帝室の御財産も日本開闢以来の御富貴《ごふうき》に在《あ》らせられるということであるが、これ実に彼《か》の(271)仁徳《にんとく》天皇が、民《たみ》の富《と》めるは(272)朕《ちん》の富めるなりと仰《おお》せられた(273)大御言葉《おおみことば》を現実にしたものであって、個人の富《とみ》、帝室の富、国家の富の三者が、並び増進する今日の盛況は実に歴史上空前の事実である。

過《す》ぐる日清戦争、日露戦争の時にも、我が国民中には、多少の(274)成金《なりきん》を輩出したが、船成金、銅成金、染料成金というが如く、一時に多数の成金が出て、しかもその個人の占め

269 開闢は、天地の始めのこと。
270 帝室は、皇室のこと。
271 仁徳天皇は、五世紀前半に在位した天皇。古事記、日本書紀による。
272 朕は、天子・皇帝・天皇の自称。
273 大御言葉は、天皇の言葉のこと。
274 成金は、急に金持になった人。将棋で、最低級の駒である歩（ふ）が金将と同じ階級に変わることからの比喩（ひゆ）。234頁の注326「歩も一度金となる」参照。

得た利益が今度ほど巨額に上《のぼ》ったことはかつてなかったことである。惟《おも》うに日本は(275)天佑《てんゆう》の国であるから、今後も倍々《ますます》世界的に発展するであろうし、成金も戦争の続く限りは今後倍々輩出することであろうと思う。

成金は自分の大いに歓迎するところで、米国今日の進歩発展は、成金の力に負うところ偉大なりというべく、我が日本も大いなる富力を蓄積して、今後益々《ますます》世界の市場に奮闘せんには、多々益々成金の輩出を歓迎するのである。しかし成金の輩出に付随する(276)奢侈《しゃし》の弊害《へいがい》は、大いにこれを警戒しなければならぬ。

我が邦《くに》奢侈の代表的時代としては、何人《なんびと》も(277)元禄時代を挙げるのであるが、今日の世界的奢侈は、到底元禄時代の比ではない。だから、せっかくの成金も、いったん奢侈の(278)弊風に感染すれば(279)槿花一朝《きんかいっちょう》の栄《えい》と唄われ、(280)如電朝露《にょでんちょうろ》の儚《はかな》きが如くに、(281)煙散霧消《えんさんむしょう》し去るのみならず、(282)滔々《とうとう》たる奢侈の弊風一世を風靡《ふうび》せば、現時《げんじ》出貿易の盛況も、他日《たじつ》居貿易の衰

275　天佑は、天の助けのことで、天佑の国は天が助けてくれる国の意。
276　奢侈は、贅沢（ぜいたく）なこと。無駄な消費をすること。
277　元禄時代（一六八八～一七〇七）には、主に上方、つまり関西を中心に経済・文化が発展した。
278　弊風は、悪い風習や風俗のこと。
279　槿花一朝の栄は、朝開いて夕方しぼむムクゲ（槿花）のように、はかないものの例（たと）え。
280　如電朝露は、電光や朝露の如くはかないものの意。126頁の注140「如電如露」と同意。
281　煙散霧消は、跡形（あとかた）もなく消えてなくなること。
282　滔々は、止まることなく水が流れるさま。

運と化せざるを保《ほ》せぬのである。奢侈の弊風は断々乎《だんだんこ》として警戒排斥すべきである。殊《こと》に況《いわ》んや戦後の世界列国は、銃砲の戦場に、奮撃突戦したる勇気と知略を移して、これを平和の戦場たる世界市場に於いて(283)輸贏《しゅえい》を争うこと必然であるから、我が国人《くにびと》は深く奢侈を警《いまし》め、今日の出貿易を益々発展せしめて、居貿易の昔に逆戻りすることなきよう、油断大敵、(284)勝って兜《かぶと》の緒《お》を引き締めんことを切望する次第である。

283 輸贏は、輸（負け）と贏（勝ち）で、勝ち負けのこと。
284 勝って兜の緒を引き締めんは、勝ったといっても心を引き締め、油断しないで事に当たる意味の句。

7　新発田《しばた》での大倉翁寿像建立《じゅぞうこんりゅう》時の挨拶

一九一六（大正五）年一〇月一五日の挨拶
『鶴友会々報』第三号に掲載

このたび、私のために同郷の方々及び鶴友会《かくゆうかい》(285)の諸氏が寿像(286)を作って郷里新発田にお建て下されし御厚志の段《だん》、私にとりて誠に光栄に存じます。

私がこの新発田の地を去ったのは今より六十二年前のことでありまして、当時に想い到りますれば転た《うたた》(287)感慨に堪えぬものがあります。然る《しか》に諸氏の温情友誼《ゆうぎ》は依然として深く切なるもの、かくの如きは欣幸《きんこう》(288)この上もないところであります。

さてこの寿像は台は石で像は銅で造ったものでありまして、中は空《から》でありますから、このままにては一《いち》の木偶《でく》(289)と何の異なるところがありません。もしこれに魂がなかったら、その魂何の功能価値もないと思います。そこで私はこの銅像に魂を入れようと思います。

285　鶴友会は、大倉喜八郎を慕う大倉系企業関係者及び部下等から成る親睦会で、一九一二（明治四五）年七月に創立された。
286　寿像は、一九一六（大正五）年に迎える傘寿（数え八〇歳）と、男爵の授爵を記念しての武石弘三郎彫刻の銅像。
287　転たは、益々の意。244頁の注367「転た寒心」参照。
288　欣幸は、幸せに思って喜ぶこと。
289　木偶は、木彫りの人形、あるいは単に人形のこと。役に立たないことの例え。

と申すは他なし、(290)殖産興業であります。何《いず》れの時、何れの地か、殖産興業の発展を急務とせざるべき、よりて私は我が郷里の繁栄策について及ばずながら微力を致そうと思います。なおこのことについては(291)篤《とく》と各位の御考慮を相仰《あいあお》ぎたいと思います。私はこうして各位の御厚意の万分の一に酬《むく》いんと思います。

私はここに(292)狂歌一首を(293)うかみました。それはこういうものであります。

愧《はず》かしや限りある身を限りなき
　世をふる郷《さと》にのこす面影《おもかげ》

終りに臨んで(294)折角《せっかく》各位の御健康を祝します。

290 殖産興業は、産業を起こし盛んにすること。
291 篤とは、念を入れて考えること。
292 狂歌は、社会風刺、皮肉、滑稽（こっけい）等を盛り込み、五・七・五・七・七の音で構成した短歌。大倉の狂歌は、更に人間の生き方、仕事の処し方等にヒントを与えるような実用的な意味を含むものが多い。
293 うかみは、浮かみで、浮かぶと同意。
294 折角は、十分に気を付けての意。

8　成金を戒《いまし》む

『実業之日本』第二〇巻第二〇号（一九一七（大正六）年一〇月一日）に掲載

何人《なんぴと》も予言し得なかった

今回の(295)欧州大戦は申すまでもなく、実に有史以来、否《いな》、開闢《かいびゃく》以来の大戦争、大悲惨事であって、十字軍の大戦禍《せんか》も、仏国革命の大惨劇も、(296)アレクサンドル、ナポレオン帝の大征戦も到底比較にならぬ。

啻《ただ》にその参戦の国数と、参加軍隊の兵数と、戦死し負傷し捕虜となった将卒《しょうそつ》の数と、軍費の巨額に上《のぼ》った点に於いて、昔日《せきじつ》の戦争に幾十百倍せるのみならず、あらゆる文明の進歩と発達の人知を絞り尽くして、あるいは空中の飛行戦となり、あるいは海底の潜航艇戦

295　欧州大戦は、第一次世界大戦（一九一四～一八）のこと。
296　アレクサンドルは、大帝国を作ったマケドニアのアレキサンドロス大王（紀元前三五六～三二三）のこと。

となり、四十二センチの巨砲、爆弾の投下、毒瓦斯《ガス》の発射、タンクの突撃等、(297)ジュール・ヴエルネの小説も、世界大戦争の未来記も、将《はた》(298)ブロックが将来の戦争中に痛論せし論文も、到底予想し得ざりし事実が(299)走馬灯《そうまとう》の如くに発生せる点に於いても、又既に今日までの戦争の結果として、国体の変更と、国民思想の革命を惹起《じゃっき》せる点に於いても、ほとんど空前又絶後と認め得《う》べき大戦禍である。

諺《ことわざ》に事実は小説よりも更に奇也《きなり》というが、今回の大戦乱こそいかなる誇大妄想の小説にも仕組まれず、いかなる(300)針小棒大《しんしょうぼうだい》の漢文にも能《よ》くこれを形容し尽くすを得ざる大戦乱で、実に能《よ》く事実は小説よりも更に奇也という諺《ことわざ》を証明しているのであります。

必ず的中を誤らない予言

かつてこの大戦の始めに当たって、某新聞紙が天下の名士に、「戦争は何時《いつ》まで継続する乎《か》」と質問して、その答案を発表したが、あるいは半年といい、あるいは一年といい、

297　ジュール・ヴエルネは、ジュール・ヴェルヌ（一八二八～一九〇五）で、SFの父とも呼ばれるフランスの小説家。
298　ブロックは、イヴァン・ブロッホ（一八三六～一九〇二）で、『近時の戦争と経済』の著者。
299　走馬灯は、この場合、転回が早いさま。
300　針小棒大は、おおげさに誇張していうこと。

一人として今日まで継続すると予言し得た人はなかったようである。否、日本朝野《ちょうや》の名士のみならず、英国の(301)キッチエナア将軍が、戦争三年継続を発表したが、三年後の今日、更にその停止するところを知らない状態であってみれば、この戦争の終局も亦《また》、恐らく何《なん》人《びと》の予言も的中し得ぬであろうと思う。然《しか》るにも拘《かか》わらず、我々一個の実業家がその終局の時期如何《いかん》を云々《うんぬん》するは大早計であるが、ここに一つ(302)確乎不抜《かっこふばつ》、必ず的中を誤らない予言がある。それはいかなる長期の大戦争も、ついに時という一字に征服せられて何時《いつ》かは終局しなければならぬということである。

欧州の大戦乱は近き将来であるか、遠き将来であるか、早晩《そうばん》必ず終局するは当然であるが、この銃砲の戦争の終局するところ、即ち平和の戦争の開始せらるるところで、これは我々実業家の大覚悟を要すべき点であろうと思われます。(303)独墺《どくおう》の頑強も、(304)聯合軍の健闘も、時という不可抗の大魔力には何時かは一度征服せられて、さしも欧州の一大戦乱も早晩必ず終局の時期が到来するに相違はありませぬ。

301　ホレイショ・キッチナー（一八五〇～一九一六）は，英国陸軍元帥で第一次大戦中は陸軍大臣。
302　確乎不抜は、しっかりしている、動揺しないさま。
303　独墺は、ドイツとオーストリア＝ハンガリーのことで、第一次世界大戦での同盟国側。
304　聯合軍は、英・仏・露・米・伊及び日本等で、同盟国側と戦った。

臥薪嘗胆《がしんしょうたん》[305]の大勇猛心

今日の形勢より察するに、ドイツは漸次《ぜんじ》聯合軍に圧迫せられて、あるいは屈服の運命に遭遇しそうである。否《いな》、更に独軍大敗戦の結果、ベルリン[306]城下の講和を強制せらるる悲運に[307]際会せぬとも限らぬのである。

しかしながら独帝《どくてい》と独軍《どくぐん》は、一敗地《いっぱいち》に塗《まみ》れても、ドイツの国家と国民は断じて滅亡はしない。縦令《たとい》銃砲の戦争に打ち負けて、聯合国承認の程度に於いて和を講《こ》うことありとも、ドイツの国家と国民とは、銃砲の戦争中に極力、整理、訓練統一せる各種の工場と、これが職工軍を平和の戦場に出陣せしめ、世界貿易の市場に活躍して、鉄砲の戦争に劣らざる意気と決心と奮闘をもって、商戦場裡《り》に戦勝の[308]月桂冠を戴《いただ》き、もって銃砲敗戦の屈辱を[309]千秋《せんしゅう》に雪《そそ》がんと努力するは必定《ひつじょう》であろうと思われます。

彼《か》のドイツが[310]普仏《ふふつ》戦役の終りに於いて、仏国より獲得せる償金の一部を割《さ》き、これを

305 臥薪嘗胆は、将来の成功を期して苦労に耐えること。
306 城下の講和は、敵に城壁の下まで攻められて結ぶ屈辱的講和のこと。
307 際会は、思い掛けずに出会うこと。
308 月桂冠は、名誉ある地位、その印のこと。
309 千秋に雪ぐは、非常に長い年月を掛けて恥や汚名を消すこと。
310 普仏戦役（一八七〇～七一）は、プロイセンとフランスとの間の戦争。

もって各種工業の練習生を密偵的に英国その他に派遣し、業《ぎょう》成り帰国するを待って大いに各種の工業を奨励、発達せしめ、もって今日の隆盛を来《きた》せるは有名なる話である。普仏戦争に勝ち誇りし戦勝の余威をもってしても、なお且《か》つ、かかる周到なる用意を怠《おこた》らざるドイツ国とその国民が、いったん聯合国に屈せし暁は、必ずや臥薪嘗胆《がしんしょうたん》の大勇猛心を発揮して、普仏戦後に幾百倍すべき平和の戦争の準備を為《な》し、たちまち平和の戦場に聯合国の商品を蹂躙《じゅうりん》圧倒せんとするは(311)火を睹《み》るよりも明らかである。

経済戦争に於ける我が国の立場

ドイツ既に然《しか》りとせば、新進気鋭の米国も必ずこれに対抗するの活躍を為すは必定《ひつじょう》、英仏とても決して坐視するものではない。銃砲戦争の幕が閉づると同時に、平和商戦の幕が開かれ、今回の大戦以上なる世界貿易史上の大商戦が演ぜられようと思われます。

この時に当たって、我が国の形勢如何《いかん》と(312)想見《そうけん》するに、あたかも今の銃砲戦争中のドイツの状態に酷似《こくじ》し、東洋又は南洋の市場に世界列国の商品を相手に奮闘しなければならぬ

311 火を睹るよりも明らかは、明々白々の意。睹るは、見る。
312 想見は、想像してみる、想い浮かぶこと。

のであるが、その中の大敵はまず差し当たり、ドイツと米国でなかろうかと考えます。かく世界の貿易史あって以来の経済的大戦が、今、我々の眼前に差し迫っているのであるから、今よりこれが準備を為《な》して、この大戦に打ち勝つの覚悟が我々実業家にとって最も必要である。

しかし来《きた》るべきこの世界経済的の大戦争は、決して幾十年も継続するものではない。その戦闘の(313)酣《たけなわ》なるや、敵は良品を廉価《れんか》で売り捌《さば》くので、もとより損失を覚悟の上で戦うのであるから、あるいは二年、あるいは三年、これを銃砲の戦争に較ぶれば比較的短歳月間これに対抗し、これを忍耐し、克《よ》く塹壕《ざんごう》を死守して、敵の塹壕を陥《おとしい》れ、進んで敵の(314)牙営《がえい》本城を陥落せしむるが必要であって、両三年の悪戦苦闘に堪え得るの資力充実しおれば、(315)凱歌《がいか》を奏することが出来る。

この資力を充実せんがためには、幸いにも既往《きおう》に於いて、又現在に於いて、時局のために意外の(316)奇利を博し得た各会社などは、(317)償却を充分にし、資本を切り下げ、積立金を

313 酣は、一番盛んな時。最盛時。
314 牙営は、大将のいる陣営のこと。
315 凱歌を奏するは、戦いに勝ち、勝利を喜ぶ歌を歌うの意。98頁の注30「凱歌」参照。
316 奇利は、思い掛けない利益のこと。
317 償却は、減価償却のこと。

多くして、もって外敵の競争に備うるが目下(318)焦眉《しょうび》の急務《きゅうむ》なるに拘《かか》わらず、現時流行の悪傾向は(319)北浜兜町辺《きたはまかぶとちょうへん》に(320)張溢《ちょういつ》し、時局のために巨利を博した会社を調査し、まずその株券を買い占め、株価を暴騰せしめ、あらゆる手段を講じて増資増配を迫り、会社乗っ取り、重役割り込みの辛辣《しんらつ》手段を講じてまでも、総ての利益を一時的の株主に配当せしめんとするが如き運動あるは実に慨嘆すべき現象であります。

成金《なりきん》諸子、省《かえり》みるところあれ

経済的大戦に於ける各会社の最大武器は、(321)社内保留の積立金と、会社経営の経験手腕と、良品廉売《れんばい》の数者に在《あ》って、今日の時勢は一日も早くこの重要武器を準備しなければならぬ場合に際会せるに、前記悪風潮のために、跡《あと》は野《の》となれ山となれ主義の、一時的増資増配株主に左右せられ、勢《いきお》いの趨《おもむ》くところ、これが重役も亦《また》ついにその渦中に巻き込まれ、会社百年の長計のために断然これを排斥し得ざるは思わざるの甚《はなは》だしきもので、これ等の

318　焦眉の急務は、差し迫った、急いで行わなければならない問題や任務のこと。
319　北浜兜町は、大阪株式取引所が設置された北浜と、東京株式取引所が設置された兜町を指す。
320　張溢は、はびこる、好ましくないことが盛んになること。
321　社内保留の積立金は、保留は留保で、株主配当金に回さないで将来に備えて積み立てる利益金のこと。

株主と重役はせっかく勃興し来《きた》れる我が邦《くに》商工業の基礎を危《あや》うし、来《きた》るべき経済的大戦に大敗北を取らしむる元兇《げんきょう》なりと攻撃せられても、(322)春秋の筆法《ひっぽう》あえて弁解の辞《じ》なかるべしと思われます。

果《はた》して然《しか》らば世界大戦後に対する我が実業家は、飽《あ》く迄《まで》も近き将来の経済的大戦に必勝を期するの覚悟と決心をもって、今日唯今よりこれが準備を為《な》すが焦眉《しょうび》の急務であろうと考え、あえて(323)一腹《ぷく》の苦剤《くざい》を我が実業界に呈する次第であります。

(324)苦言序《ついで》に一言《ひとこと》を添えますが、近来流行の(325)寵児《ちょうじ》たる成金諸君が、あるいは奢侈《しゃし》一世を驚倒し、あるいは遊蕩《ゆうとう》天下の良風俗に悪影響を与うるが如きは、世界的経済の大戦を眼前に控えし我が邦《くに》にとっては大いに慎しむべきことで、(326)歩《ふ》も一度金《きん》となって、金の働きをすればこそ成金なるに、これに反して金となって後の行為がやはり歩《ふ》であれば、将棋の駒にだも如《し》かぬのでありますから、一匙《ひとさじ》の苦薬《くやく》を成金諸君にも呈しおきます。

過日、東海道汽車中、上等室の中に素足《すあし》にてヒザをまくる紳士あり。世界漫遊の外国人

322 春秋の筆法とは、批判の態度は厳しいが、一面の真理は突いている意。

323 一腹の苦剤は、一腹は一服で、一匙（さじ）の苦薬を与えること。この場合は、言い難（にく）いことを、あえて提言すること。後出の「苦言」と同意。

324 苦言は、相手を思い、言いにくいところまで、あえて言って諫（いさ）めること。前出の「一腹の苦剤」と同意。

325 寵児は、世間で持てはやされている人のこと。

326 歩も一度金となるは、222頁の注274「成金」参照。

も顰蹙《ひんしゅく》する形状なりしかば、この日立秋《りっしゅう》の際なれば、

成金の人も人柄《ひとがら》造れかし
　初秋《はつ》風のたち居振舞《いふるまい》

9　支那漫遊所感　到《いた》る処《ところ》で受けた二つの質問

『実業之日本』第二三巻第二号

（一九二〇（大正九）年一月一五日）に掲載

徐《じょ》総統と余の問答

老生《ろうせい》の(327)今回の支那旅行について、何か感想を申し述べよとの(328)御懇命《ごこんめい》でありますが、大体に於いて現在の支那と日本の友誼《ゆうぎ》関係を申しますと、政治上の空気は頗《すこぶ》る憂うべき有様であるかのように伺われますが、老生は少しも政治的の関係なく、箇人《こじん》として多年《たねん》日支両国間の友誼《ゆうぎ》を温《あたた》めることに努力している者でありますから、これがために先方でも大層温かい宴会に招待され、且つ打《う》ち解《と》けた種々の楽屋話《がくやばなし》まで承《うけたまわ》ったような次第であります。

北京では、今回大倉組の支店設置を機会に、支店の構内に園遊会をするほどの庭園あるを幸い、支店披露の園遊会を催し、支那の大官を始め日本の紳士を残らず案内して、昼は

327　今回の支那旅行は、一九一九（大正八）年一〇～一二月に行われた。同年五月に日本に抗議する反帝国主義の五四運動が起こっている時であった。

328　御懇命は、親切な仰せのこと。

宴会、夜は余興として、北京第一の(329)那桐《なとう》邸に観劇会を催しました。当時の支那新聞はこの園遊会の景況を報道して、来賓(330)無慮《むりょ》一万人と記載しましたが、これは例の支那流でその実《じつ》、六、七百名でありました。

この観劇会については、(331)梅蘭芳《めいらんふぁん》が(332)非常に勤めて自分も出演したばかりでなく、自分と同等の一流俳優を集めて共に顔合せの出演をしたので、(333)斯界《しかい》の好事者《こうじしゃ》間には近来稀《まれ》なる大演劇として非常に来賓の喝采《かっさい》を博しました。

老生が北京で(334)徐大総統《じょだいそうとう》に面謁《めんかつ》致しました節、大総統は(335)四方山《よもやま》の話の序《ついで》に、「追々《おいおい》自分も老人になり、大総統の如きなかなかの激職には到底長く堪えられまいと思います」と述懐せられたので、老生は言葉を挿《はさ》み、「閣下は本年お幾つになられましたか」と訊《き》いた。「本年六十五歳」という大総統の答を得て、「老生は本年八十三歳で、閣下より十八歳の老齢

329　那桐は、葉赫那拉・那桐（ようかくなろう・なとう、一八五六～一九二五）で、清朝の軍機大臣等を歴任した重臣。
330　無慮は、おおよそ、ざっとの意。
331　梅蘭芳（一八九四～一九六一）は、女形で名声を博した京劇俳優で、大倉は二度、日本に招待している。
332　非常に勤めては、大いに頑張っての意。
333　斯界の好事者は、その分野で風流や物事に深く心を寄せる人のこと。
334　徐大総統は、徐世昌（一八五五～一九三九）のことで、中華民国の第四代大総統（一九一八～二二）。
335　四方山の話は、世間の様々な出来事を話題にする雑談。世間話。

でありますが、いささか(336)君国《くんこく》の鴻恩《こうおん》に酬《むく》ゆるの(337)微衷《びちゅう》あればこそ、(338)海山万里遥々《かいざんばんりはるばる》、貴邦《きほう》に罷《まか》り出た次第であります。今や閣下の御身《おんみ》の上は、この世界大戦後の東洋の平和を確保する上に於いて非常の大責任を有していられ、老生などよりは十八歳も若い齢《よわい》でいられますから、決して再び老齢を口にせず、(339)加餐《かさん》自愛、支那のため、東亜のために一層の御努力をお願い致す次第であります」と(340)腹蔵《ふくぞう》なく述べたところが、大総統は頻《しき》りに打ち頷《うなず》いて賛意を表《ひょう》せられた。

老生は更に語を継ぎ、「なお一つ老生の希望を申し上ぐれば、支那といい、日本といい、均《ひと》しく東洋に位置して(341)唇歯輔車《しんしほしゃ》の関係、人力をもって如何《いかん》ともすべからざる天然の(342)友邦《ゆうほう》でありますから、ひとたび親《した》しく日本の実情を御覧願いたい。決して御不自由はおさせ申しませぬから、是非共《とも》、東亜のために日本御来遊《ごらいゆう》をお勧め致します」と述べたところが、大総統は、「自分も(343)閑暇《かんか》を得れば、一度は欧米を漫遊《まんゆう》したいものと考えていますから、そ

---

336 君国の鴻恩に酬ゆるは、この場合は、貴国に大いに世話になっているので、その恩返しのための意。
337 微衷は、自分の真心、本心を謙っていう語。89頁の注266「衷心」と同意。
338 海山万里遥々は、遠方より苦労して来たの意。
339 加餐自愛は、健康に気を付け、自分を大切にすること。
340 腹蔵なくは、遠慮せず本心を述べること。242頁参照。
341 唇歯輔車は、一方が亡びれば他方も危うくなるような相互密接な関係のこと。
342 友邦は、互いに親しい国のこと。
343 閑暇は、暇（ひま）。自由になる時間のこと。

の時は必ず日本をも訪問致しましょう」と約束せられ、老生の記念揮毫《きごう》(344)を乞《こ》えるに対し、欣然快諾《きんぜんかいだく》(345)せられ、「大倉男爵は吾老友也」と前書《ぜんしょ》して三幅《ぷく》の揮毫《きごう》を贈られました。

十二月九日、山城丸にて上海を出帆し帰朝の途につきましたが、その前夜、上海銀行頭取の葉《よう》氏に招かれ、送別の宴会に臨みました。美酒佳肴《かこう》山海の珍味(346)は申すまでもなく、粧飾《しょうしょく》その他善美を尽くし、余興には楽隊あり、巧妙の奇術師あり、名妓《めいぎ》の独吟あり、なかなかの宴盛《えんせい》でありました。

この食事中に主人の葉氏が突然、「今夕《こんせき》は大層目出度《たいそうめでた》い喜ばしいことがありました」というから、「何が目出度い喜ばしいことですか」と尋ねたところが、葉氏の申すに、「実は、私の妻は今夕珍客の大倉男爵が見えるというので非常に喜び、何時《いつ》になく家内の粧飾その他を指図《さしず》してまめまめしく立ち働きました。今夕のこの宴会の粧飾その他は総て妻の指図になったのであります。その妻がただ今女児を分娩《ぶんべん》して、母子共《とも》に至極健全でありますから、こういう目出度い喜ばしいことはありませぬ。願わくは記念のために、大倉男爵よりこの女児に命名して戴《いただ》きたい」という希望が出ました。

344　揮毫を乞えるは、毛筆で文字や絵をかいていただくよう依頼すること。「乞う」は「請う」と同意。
345　欣然快諾は、喜んで承諾すること。
346　美酒佳肴山海の珍味は、おいしい酒と肴（さかな）、海や山で採れた珍しい食べ物等の豪華な料理のこと。

紅《あか》い大きな紙片と[347]筆硯《ひっけん》が老生《ろうせい》の前に運ばれました。そこで老生は、「日本人の老生が主賓《しゅひん》となったこの宴会の夕《ゆうべ》に、御当家《ごとうけ》に御産《おさん》があって御《おん》母子共に御健全《ごけんぜん》の報を得て、老生にとってもこの上の目出度《めでた》い喜ばしいことは御座《ござ》りませぬ。仰《おお》せに随《したが》い、喜んで命名の役を勤めましょう」と答え、筆を執《と》って紅紙《あかがみ》に「葉慶子《ようけいこ》」と大書したところが、主人の葉氏を始め来賓一同非常の喝采《かっさい》で、[348]無比の佳名《かめい》なりという賞讃を博しました。

何処《どこ》でも受けた二質問

老生《ろうせい》今回の支那旅行については幸いにも到る所に非常の歓迎を受けましたが、何所《どこ》でも申し合わせたように、老生に対して二つの質問を提出されました。その第一は、老生が八十三の高齢であるに拘《かか》わらず健康壮者を凌《しの》ぐ、これには何か秘法秘伝があるかということで、特に長寿を尊《たっと》び、不老不死の[349]仙薬《せんやく》を研究する支那人にとっては[350]もっとも千万《せんばん》な質問《しつもん》で、その第二は、老生が日支《にっし》合弁の事業に成功しているのは何の秘訣《ひけつ》によるかという

347 筆硯は、筆と硯（すずり）のこと。筆記具。
348 無比の佳名は、比べるものがないほど優れた名のこと。
349 仙薬は、良く効く薬。
350 もっとも千万は、全く道理に適（かな）っていること。

質疑でありました。

第一の長命長寿の秘伝という質問については、老生はこう答えました。「凡《およ》そ人間にはその人々に対する個々天賦《てんぷ》の運命というものが必ずある。しかしその天賦《てんぷ》の運命を開拓し助長し、[351]転禍為福《てんかいふく》の基《もと》を作るは確かに人々の修養と奮闘によるので、一言《いちごん》もってこれを[352]蓋《おお》えば、人事を尽くして天命を待つというに帰するのであろうが、ここに一つの秘伝は、何事にも諦《あきら》めが肝腎で、煩悶《はんもん》は長命長寿の[353]敵薬《てきやく》であるから、これを避けるが長寿健康の[354]第一義諦《ぎてい》である」と答えたのであります。

次に第二の日支合弁の質疑については、老生《ろうせい》はこう答えました。「老生が支那に於いて日支合弁をもって事業を経営致しているについては、種々の困難、種々の障害に遭遇することは少しも他の日支合弁事業と相違はありませぬ。ただ老生関係の事業と他の合弁事業といささか[355]選《せん》を異《こと》にしているのは、老生は何事も誠心誠意を第一とし、従事《じゅうじ》の日支両国人共《とも》にこれを第一とすることに努めていることであります。いかなる事業、いかなる商売も時に盛衰あるは免れませんから、始終《しじゅう》順調にばかりは往《い》かない、時には難局に遭遇する

351 転禍為福は、禍（わざわい）を転じて福にすること。
352 蓋えばは、包んでしまうの意。
353 敵薬は、ここでは、毒薬のこと。
354 第一義諦は、世俗を超えた究極的な絶対の真理のこと。
355 選を異にしているは、違う、別であるの意。

ことがある。順調に処しても難局に際しても、上下の従事者が誠心誠意、事に当たるが肝要で、老生関係の合弁事業はこれを実行していますから、他《た》より見られて、やや成功していると思われるゆえんであります」と答えておきました。

今回の旅行中は、支那在朝の大官を始め在野財界の巨頭にもたいてい面会して、種々腹《ふく》蔵《ぞう》なき談話も交換致しましたが、我が当局のお考えのいささか(356)正鵠《せいこく》を得ていないように伺《うかが》われます点もあろうかと思われますし、又列国中には日支の親善を猜疑的《さいぎてき》の色眼鏡で見ていはせぬかと思われる節《ふし》も見えるのでありまして、我が邦《くに》朝野の(357)為政家《いせいか》は支那のことについて、充分注意を為《な》さらなければならぬと切《せつ》に感を深く致した次第で御座《ござ》います。

356 正鵠を得ていないは、物事の急所を外していること。
357 為政家は、政治家のこと。

10　八十六歳の余が心からの叫び

『実業之日本』第二五巻第一〇号
（一九二二年（大正一一年）五月一五日）に掲載

寒心すべき国家の前途[358]

我が国の現状を察すれば、[359]内外多端《たたん》、[360]前途遼遠《ぜんとりょうえん》にして、いささかの楽観を許しませぬ。この際、老生《ろうせい》は真剣に衷心《ちゅうしん》より老生の[361]肺腑赤誠《はいふせきせい》を披歴《ひれき》して、政府並びに国民に訴えたいと思うことがあります。御承知の如く我が国は維新以来、日清戦争、日露戦争に至るまでは陸海軍々備の充実を重要としました時代も御座いましたが、今日は[362]ワシントン会議の結果として、各国共にまずは戦争を廃し、軍備を縮小することになりました。

358　寒心すべきは、不安や恐れに満ちていること。138頁の注198「寒心に堪えない」、244頁の注367「転た寒心」参照。
359　内外多端は、国の内外に問題が多くあること。
360　前途遼遠は、目的地までの道のりが非常に長いこと。
361　肺腑赤誠は、偽りのない真実の心の奥底のこと。
362　ワシントン会議（一九二一〜二二）は、第一次大戦後に米国が呼び掛けた国際軍縮会議。

そこで我が国も産業立国の方針により、商工業を振作《しんさく》し、[363]列強と[364]角逐《かくちく》しなければならぬことに相成りました以上は、軍備の強大はもとより望ましいが、陸海軍独《ひと》り盛大なるもこれを支持する国家の資源が涸渇《こかつ》しては、盛大なる陸海軍に何の用も為《な》さないというくらいのことは、我々よりこれを[365]高唱しても、あえて陸海軍の御叱《おしか》りを蒙《こうむ》るまいかと考えます。

然《しか》るに従来のような政治のやり方が、今後もなおそのままに続いて、政府は遠慮会釈《えしゃく》なく国民から租税を搾《しぼ》り取って、見越しのつかぬ事業を起こし、無駄な人を使って政費の甚《はなは》だしき膨張を意とせず、空《から》景気を煽《あお》るようなことが万一あったならば、我が国は何時《いつ》までも世界一の物価の高い国であり、労働紛議は絶えず、従って生産費は高く、そのために輸出は振るわず、輸入は継続超過して、国家の血液たる[366]正貨は益々《ますます》海外に流出することとなり、この逆勢《ぎゃくせい》が依然としてこのままに続けば、由々《ゆゆ》しき貧血症となるばかりであります。

平和の戦争たる貿易上に於いては列国を凌駕《りょうが》するどころか、大いに列国に圧倒せられて、国家はついに救うべからざる貧血症に罹《かか》るは鏡に掛けて見るが如く、[367]転《うた》た寒心《かんしん》の至りに

363 列強は、強大な国々。
364 角逐は、互いに争い競（きそ）うこと。
365 高唱は、声高に言うこと。
366 正貨は、本位貨幣のことで、この時の日本の場合は金貨・金地金、更には金為替である。
367 転た寒心は、益々恐れや不安の念を起こすさま。225頁の注287「転た」、243頁の注358「寒心すべき」参照。

堪えないのであります。而《しか》して多大なる政府の支出は通貨を膨張せしめ、生産費を高からしめ、間接に輸入超過の原因を為《な》すのみならず、その内には支出その物が直《ただ》ちに輸入超過の原因となるのもあるのであります。

政府先《ま》づ覚醒《かくせい》せよ

さて世の不景気は何人《なんぴと》も好まぬところでありましょうが、不景気は草木の凋《か》れ衰へ、動物も(368)蟄伏《ちっぷく》する冬のようなものであります。その極《きょく》に至り沈衰期を経過しなければ、(369)一《いち》陽来復《ようらいふく》の改善期、繁盛《はんじょう》期に向かうことの出来ないのは、経済学上、動かすべからざるの原則であります。

元来大戦の影響は(370)至大《しだい》にして、欧米各国の財政、経済に未曽有《みぞう》の変革を与え、各国財政の基礎はほとんどこれがために根底より覆《くつが》えされたので、各国は戦後の財政及び経済を整理するに(371)汲々《きゅうきゅう》とし、政府率先して勤倹主義の政治を実行し、行政を整理し、軍備を縮

368　蟄伏は、表に出ずに籠（こ）もっていること。144頁の注224「蟄居」参照。
369　一陽来復は、凶事が去って吉事が再び戻って来ること。
370　至大は、この上なく大きいこと。
371　汲々は、一つのことを一心に努めるさま。

小して、物価の調節、労資の協調を図り、国民生活の安定を期しつつあるの状態であります。ただ我が帝国のみは旧式の政治を(372)墨守《ぼくしゅ》して上《うわ》っ調子《ちょうし》を改めず、戦後の今日《こんにち》、財界の不況を極むるに拘《かか》わらず、なお且つ好運時代の利益獲得を夢み、浪費の悪風いまだ減ぜず、(373)人心軽佻《じんしんけいちょう》、ややもすれば投機的思惑《おもわく》に走らんとするの傾向があって、戦時中の綱渡りを今も続けている状態であります。

いったん政府と国民が自覚を余議なくされるに至りますれば、綱渡りの綱が切れまするが、綱が切れましたる節《せつ》の悲惨さは如何《いかが》のものでしょう。(374)早きに及んで綱渡りの綱を下《お》り、一歩一歩、実地の上を力足《ちからあし》を踏んで歩いて戴《いただ》きたいと願うのが本当でしょう。そこでこの際に不健全分子を淘汰《とうた》して、財界を(375)廓清《かくせい》するは寔《まこと》に止むを得ない次第であります。即ち今日の時勢に適応したる(376)焦眉《しょうび》の急務は、政府まず自覚して国民を率い、行政及び財政を整理して経費を節減し、産業立国の方針を確立して輸出を奨励し、輸人を(377)防遏《ぼうあつ》し、平和の戦場に於いて諸外国とその力競《くら》べをするの外《ほか》はないと考えるのであります。宜《よろ》しく

372 墨守は、固く守って変えず、改めないこと。
373 人心軽佻は、人々の考えが浅く、行動に落ち着きがないこと。
374 早きに及んでは、なるべく早くの意。
375 廓清は、悪いものをすっかり取り除くこと。
376 焦眉の急務は、状況が切迫していて急いでやらねばならないこと。
377 防遏は、防ぎ止めること。

輿論《よろん》を喚起して政府を刺戟し、国民を善誘《ぜんゆう》し、国民の発展を期《き》せねばならぬと思う。これ世の(378)識者の御指導を仰《あお》ぎたいものと思う、老生《ろうせい》の第一の問題であります。

対支政策を一新せよ

日支親善は東洋平和の基調でありまして、この際に対支政策の(379)面目《めんぼく》を一新するは今日の急務ではあるまいか。従来日本の対支政策は歴代内閣を通じて、悉《ことごと》く支那人の誤解を招《まね》いているようである。しかし支那が天然の資源に富み、世界(380)未発の宝庫たる以上は、我が国は国民生存の道として経済的に日支提携の実《じつ》を挙げ、我に足らざる物資はこれを支那より取り、日本の技術をもってこれを加工し、更にこれを世界に輸出するは経済立国の第一義にして、これが解決如何《いかん》はやがて国民生存問題の解決とも為《な》るべきであろう。

この際に我が政府及び国民は従来の政策を一変して、支那の親友として善《よ》く支那の国民性を理解し、密接なる日支提携の下に経済的方面に一層の活動を試み、その開発に資《し》する

378　識者は、物事の事情に通じ、正しい判断力のある人、学問、見識が高い人のこと。有識者。
379　面目を一新するは、現況を根本的に改めるの意。
380　未発は、未だ知られていないの意。

ことが当面の急務でなければならぬ。政府及び国民の(381)警醒《けいせい》を促さねばならぬと思う。これが第二に識者の御高見を仰ぎたいと思う老生《ろうせい》の問題であります。

民意を善導啓発せよ

我が国唯一の(382)経世家たりし故伊藤博文公《こう》は、かつて日本を法治国とするについて法律の制定に(383)尽瘁《じんすい》せられましたが、当時の民度は至って低かったにも拘《かか》わらず、制定の法律はその程度がなかなか高うございました。それでその懸隔《けんかく》のあまりに顕著なるに疑《うたが》いを挟《はさ》みました。老生《ろうせい》は伊藤公《こう》に向かいまして、時代の実際と法制の程度との懸隔につきての疑《ぎ》を質《ただ》しましたところが、公がこれに答えていわれましたには、「いかにもそうであるが、民度相応の法律を作れば、外《そと》、世界に対して低級の法律の嘲《あざけ》りを受け、内《うち》、人民をして何時《いつ》までもこれに甘んじて進歩せしめざるの不利がある。(384)如《し》かず、実際の民度より一歩高き法律を制定して、外、列国に示し、内、民度を向上せしむるには、甘んじてはならぬ、

---

381 警醒を促すは、注意を呼び掛けて人の迷いをさますこと。
382 経世家は、常に国家百年の大計が念頭にある政治家のこと。
383 尽瘁は、全力を尽くすこと。
384 如かずは、そうではなくの意。

進まなければならぬ」といわれた。老生もこれを承《うけたまわ》って、なるほど甘んじてもならぬ、甘《あま》んじさせてもならぬ、進むべきである、進ますべきであると、大いに伊藤公に(385)推服《すいふく》した次第《しだい》でありました。

ところがこれと反対に、前首相たりし(386)原敬《たかし》氏からたびたび(387)拝承《はいしょう》しましたところによりますと、何事も民意に順応するといっておられましたが、なるほど民意に順応して政治を施すのは差し当たったところは無難で結構でありましょうが、しかしただそれだけで政治は宜《よろ》しいものでありましょうか。進歩、向上の一般が欠けて宜しいとは思われませぬ。民意にも順応し兼ねるようでは(388)論にもなりませぬが、民意にのみ順応するばかりでなく、欧米の政治家や論客は民意を啓発、善導してその品性を向上し、国運、民福を増進せしむるをその本願と致しているように見受けます。これが識者の御高見を仰ぎたいと思う第三の問題であります。

希《ねが》わくは、この識者諸君は、老生《ろうせい》のここに提供致しました三大問題の解決に関連して奮闘せられ、国家と国民をして一刻も早く、一陽来復《いちようらいふく》、(389)泰平《たいへい》を謳歌《おうか》して楽しむを得《え》せしむ

385　推服は、その通りと思い、心から従うこと。
386　原敬（一八五六〜一九二一）は、外交官・政治家で、第一九代首相（一九一九〜二一）。
387　拝承は、聞くこと、承知するの謙譲語。
388　論にもなりませぬは、話にもならない、論外の意。
389　泰平を謳歌は、平和な世の中を喜び、褒（ほ）め称（たた）えること。

るよう希望致します。

11 進一層《しんいっそう》

『鶴彦翁回顧録』によれば一九二三（大正一二）年夏に新潟県人会で演説
『鶴友』第一一号（一九二七（昭和二）年九月三日）に掲載

「退一歩《たいいっぽ》」という言葉がある。いうまでもなく、これは処世上の戒めであり、ないしまた、事をなすにあたっての心の準備を指したもので、要するに常に己《おのれ》を反省し、事の進行にあたって一歩退いてそのことを批判するという意味なのであろう。

しかし老生《ろうせい》にいわせれば、それは畢竟《ひっきょう》、事の一面を道破した(390)金言《きんげん》に過ぎない。そして妙に分別臭い(391)道学臭味《しゅうみ》の(392)警語のように思われる。少なくともこれは消極的の処世法である。もちろん処世の用意といっても、人それぞれの性格と境遇とによって、各々その用意を異《こと》にするから、これを一概にいうことは出来ないが、私自身のことをいうと、老生は今日まで常に「退一歩」ではなかった。いやそれとは全然反対であった。

即ち老生は、事をなすにあたって、常に一歩退いて考えるとか、またはそのことを反省するとかいうよりも、五歩進んだ時は、更に進んで十歩の地に達せんとし、十歩の地に達

390 金言は、古人の残した模範となる尊い言葉、格言のこと。後出の「警語」と同意。
391 道学臭味は、道徳を説く臭（くさ）みを持っていること。252頁の注395「道学先生」参照。
392 警語は、物の真理を表した鋭く短い語。前出の「金言」と同意。

した時は、更に更に十五歩二十歩の地点に向かって驀進《ばくしん》した。老生にはこの自分流儀の方法でなければ仕事は出来なかった。殊《こと》に困難に遭遇した時や、難局に処した場合には、とても「退一歩」などという消極的な覚悟では、[393]左顧右眄《さこうべん》、到底《とうてい》難関を突破することは出来ない。そういう場合には、どうしても勇気を奮い起こさなければいけないと思う。「退一歩」ではなくて「進一層《しんいっそう》」である。

[394]一体《いったい》に徳川時代の金言などは、いわゆる[395]道学《どうがく》先生流の「事なかれ主義」的な消極的な誡《いまし》めが多く、到底今日のように万事が世界的になり、個人間、団体間の競争や、国際間の競争の激しい時代にはあてはまらないものがある。「退一歩」なども亦《また》、たしかにその一つである。

実際今日は、五歩にして十歩を志してもなかなか十歩には辿《たど》りつけない世の中で、随分《ずいぶん》苦心もし努力もし、ないしまた、いわゆる「進一層」で更に歩を進めて勇往邁進《ゆうおうまいしん》してさえも、容易に十歩の地には達し難《がた》いのだ。況《いわ》んや「退一歩」などと老人じみた引っ込み思案《じあん》なことをいっていては、何事をも為《な》し得ないではないか。

ここに於いて私は「進一層」ということを主張する。即ち事の順調に運ぶ時、まず一歩

393 左顧右眄は、周りを気にして、なかなか決断を下さないこと。
394 一体には、総じて、おしなべての意。
395 道学先生は、道徳や道理に関わって世事に暗い、頑固（がんこ）な学者のこと。251頁の注391「道学臭味」参照。

を退いて事を振り返るなどということなしに、順調に行けば行くほど、更にその機運に乗じて更に更に進む、飽《あ》くまで進む、殊《こと》に障礙《しょうがい》があらわれた時には、飽く迄勇往邁進してこの障礙を除き、難局を突破しなければやまない。

けれどもそうはいっても、私のいわゆる「進一層」は決して調子に乗ることではない。またみだりに前進これこととし、前ばかり見ているということではない。また難局に処してただあせることではない。そこには常に細心の注意と慎重の考慮とをもって、しかもそれに捉《とら》われず、ともすれば(396)退嬰《たいえい》的になりがちな、そういう場合に、更に一段の勇《ゆう》を奮《ふる》って邁進《まいしん》するの(397)謂《い》いである。

まったく人間は、難局に遭遇《そうぐう》したり、事に行き詰まったりすると、直《す》ぐ弱気になって退嬰的なことを考え出して、いわゆる「為《な》すべきか、為さざるべきかと思うことは、たいていはせぬがよし」流に、妙に分別臭い里心《さとごころ》を出しがちなものだが、そういうように退嬰消極に傾いた時は、もうその人は障礙に負けたのである。そういう時には、とても細心の注意も慎重の考慮も出るものではない。出て来るのはただ狼狽《ろうばい》と躊躇《ちゅうちょ》と尻込みした智恵だけである。

396　退嬰的は、進んで新しいことに取り組もうとしないさま。
397　謂いは、という意味、というわけの意。

だから私はいう。現代は須《すべか》らく「進一層」で行かなければいけない。そして「進一層」の反面の用意として、従来のいわゆる「退一歩」の態度を忘れなければいい。重ねていう。「退一歩」の用意を忘れなければいいという程度で、それよりも更に重要な心掛けは「進一層」である。

12　わが処世陣《しょせいじん》(398)

『雄弁』第一九巻第二号（一九二八（昭和三）年二月一日）に掲載

自分も今年は九十二歳、あまり短かい生涯ではなかった。で、折々《おりおり》、静かに己《おのれ》の生涯を振り返ってみては、これでも多少の仕事をして来たなと思うが、そういう時にいつも考え出されるのは、多少とも仕事の出来た源泉は何処《どこ》にあったろうかということである。が、これは、若い時にはその源泉が解らなかった、イヤ気付かなかったのだ。

というのは、その源泉はかなりに私の性格から来ているもので、私は他人のように苦心修養してこういう性格をつくりあげたわけではないからである。随《したが》って私は、他人に対《むか》って道を説いたり、いわゆる成功の要訣《ようけつ》を教えたりなどしようとは思わない。ただ御希望に従って、私はかくあった、かくの如き道を踏み進んで来たということを述べるまでのこと。もし多少とも処世上の参考にでもなり、私の言《げん》に聞く者があれば、幸甚《こうじん》(399)の至りに堪えない。

まずいいたいのは、人間の智慧《ちえ》には左程《さほど》の差はないということである。もちろん天才は

398　処世陣は、世の中で生きて行く上に必要な様々な知恵、方法のこと。45頁の注88「処生の道」参照。
399　幸甚は、この上もない幸せの意。

別物であるが、普通の人間に於いては、智慧《ちえ》の相異は大体に於いて教養の差、年齢の差、ないし経験の差などから来るもので、世《よ》の成功者必ずしも人に卓越した智慧を恵まれていたというわけではない。幾分《いくぶん》の優れた点はあるかも知れないが、それは教養や経験や努力などによって補《おぎな》い得《う》べき、また達し得べき相異《そうい》である。結局普通の人間は俗にいう、どん栗《ぐり》の背《せい》くらべである。

そこで教養や経験や年齢が大体似通った人の間に於いて、成功不成功の岐路《きろ》はその人の努力如何《いかん》にあるということになる。そしてこれは普通、成功の要訣《ようけつ》として、もろもろの世の成功者、ないしはまた識者などによって説きつくされ、繰り返されていることである。が、私は思う。いかにも努力は成功の鍵に相違ないが、畢竟《ひっきょう》、それは形にあらわれたもの、換言すれば、更に深い所に存する原因が、努力という結果になってあらわれたに過ぎないのではなかろうか。

思うに、人間の成功不成功というようなことは、ただ努力というものに支配されるのではなく、そこにはもっともっと深い重大な原因が潜《ひそ》んでいるのではあるまいか。つまり努力を生む何物かがあって、それが(400)機に望み、変に応じて努力ともなり、勇気ともな

400 機に望みは、機に臨みで、事に直面しての意。

り、果断[401]ともなり、熟慮ともなり、その他色々の徳目[402]となって事にあたることになる――私にはどうもこう思われる、イヤ私は、自分のことからそう考えるのである。

然《しか》らばその源泉、即ちこれ等の結果を生むある物――それは一体何か。一口にいうと、それは、生きて行く上の覚悟《かくご》、今の言葉でいうと生活覚悟とでもいおうか。たしかにこの生活覚悟の有無ないし強弱ということが、人の一生を支配するように思われる。

例えば、ここにある人がある要求を持って来たとする。その時、これに「イエス」というか「ノウ」というか、そこをハッキリさせなければならないのだが、そして生活覚悟の強いものならばそこをハッキリさせて進むのであるが、生活覚悟の弱いものやトンと覚悟のついていないものは、心中否《ひ》とすることも、色々の情実に捉《とら》われてキッパリ「ノウ」ともいえず、さりとてもちろん「イエス」でもないということになる。

私がいいたいのはこの点である。常に緊張した精神と強き意志とを持《じ》して、「ノウ」はハッキリ「ノウ」とし、「イエス」はハッキリ「イエス」として、いつまでもその一事《ひとこと》に捉《とら》われず、次ぎから次ぎと進み行く――つまり常に生々溌剌《せいせいはつらつ》[403]の活気をもって人生百般のこと

401　果断は、ためらわずに思い切ってする、決断が早いさま。
402　徳目は、一つ一つの徳の名のこと。道徳的基準の細目。
403　生々溌剌は、新鮮で生気が溢れているさま。

にあたり、事にこだわらぬのだ。いつまでも一事《いちじ》に(404)拘泥《こうでい》などせず、過去のこと、終ったことはこれをキレイに忘れて、新らしき道に生き生きと進んで行く。この覚悟がいわゆる、私のいう生活覚悟で、いわば太く強い金属の線をピーンと張り切ったような態度で進んで行けば、期せずして成功の彼岸《ひがん》に達し得る。

ところでこの覚悟は、生まれつきそういう性格を恵まれている人と、そうでない人とあるが、そういう性格を恵まれなくとも、修養の如何《いかん》によって段々に自分の性格をそういうように鍛え直して行くことも出来よう。ここに於いて修養ということが必要になって来る。とにかく私自身の生涯は、たしかにこの覚悟をもって終始した。だから努力しようなどと意識して努力したのではなく、この覚悟から自然に努力が湧《わ》いて来たのだと思う。難関に処して忍耐も出来たのだと思う。また非常の勇気も出たのだと思う。

イタリーの(405)ムッソリニは、「躊躇《ちゅうちょ》するなかれ」ということを、(406)統領《とうりょう》たるものの覚悟としてあげているが、さすがに物を(407)道破《どうは》している。事にあたって、右は右、左は左、諾《だく》は諾、否《ひ》は否として躊躇《ちゅうちょ》しないことが出来れば、それでもう立派に人に統領たることが出来る。

404 拘泥は、必要以上に気にする、捉（とら）われること。
405 ムッソリニは、ベニート・ムッソリーニ（一八八三～一九四五）で、一九二二年に首相となったイタリアの独裁政治家。
406 統領は、統御者、頭（かしら）、指導者のこと。
407 道破は、十分に考えた上で、はっきり言い切ること。

が、これは実にむずかしいことだ。ムッソリニのように、太く強い金属線を張り切ったような生活態度の人なればこれをいい得るのであり、実行も出来るのだと思うが、(408)移してもって成功の要訣《ようけつ》ともなすことが出来ると思う。

これを思っても、努力とか勤勉とかいうことが成功の要訣とされているが、私はこの努力や勤勉の根源をなす精神ないし魂を、まずもって培《つちか》い鍛《きた》えることが必要であると信じている。

408　移しては、次の段階に進めること。

大倉喜八郎略年譜

大倉喜八郎に関わる出来事	日本・世界の出来事
一八三七年（天保八年）　一歳（数えの年齢） 九月二四日、出生（新暦十月二三日。現、東京経済大学創立記念日）。越後国蒲原郡新発田町（現、新潟県北蒲原郡新発田市）の商家・質屋の三男（五人兄弟姉妹の四番目）。幼名鶴吉（二〇代の頃、喜八郎と改名）。	二月、大塩平八郎の乱。六月、モリソン号事件。
一八四四年（弘化元年）　八歳 この年から二年間、石川治右衛門から漢籍（四書五経）を学ぶ。	七月、オランダ、幕府へ開国を促す（四五年六月、幕府より開国勧告を拒む返書）。
一八四八年（嘉永元年）　一二歳 この年、家業手伝いの傍ら、新発田藩の儒者・丹羽伯弘（にわはっこう）開設の私塾積善堂に入塾。漢籍・習字・珠算を習う。同塾で陽明学の「知行合一」の影響を受けたといわれる。	一月、米カリフォルニアで金鉱発見。二月、仏パリで二月革命、民衆蜂起が欧州全域に波及（一八四八年革命）。
一八五〇年（嘉永三年）　一四歳 大極円（だいきょくえん）柱吉六の門に入り、狂歌を学ぶ。以後、和歌廼門（わかのと）鶴彦と称し、江戸に狂歌を投稿。江戸の狂歌師連との連絡が始まる。	三月、オランダ商館長、最後の江戸参府。
一八五三年（嘉永六年）　一七歳 五月、父・大倉千之助没。喜八郎は長兄を助けて家業に従う。	六月、ペリー率いる米国東インド艦隊

	が浦賀に来航。
一八五四年（安政元年）　一八歳 五月、母・大倉千勢子没。十月、江戸へ出立。狂歌の師・檜園梅明（かいえんうめあき）を訪ね、狂歌仲間の和風亭国吉（日本橋魚河岸の塩物商）の手代となる。その後、麻布飯倉の中川鰹節店で丁稚見習奉公。	三月、日米和親条約調印。同月、クリミア戦争（～五六年三月）。六月、琉米修好条約調印。十月、日露和親条約調印。
一八五七年（安政四年）　二一歳 春、奉公先から独立、乾物店大倉屋を開業（江戸下谷上野町）。檜園梅明撰の『扶桑名所名物集』（五七～六〇年）に「シハタ鶴彦」名で多くの狂歌が掲載される。	五月、インドで反英大反乱（～五九年）。九月、ムガル帝国滅亡。十月、米駐日総領事ハリス、江戸城登城。
一八六〇年（安政七年／万延元年）　二四歳 閏三月、『心学先哲叢集』を編纂（先人の訓言を抜粋）。	三月、桜田門外の変。閏三月、五品江戸廻送令。
一八六六年（慶応二年）　三〇歳 十月、乾物店を廃業。八丁堀の小泉屋銃砲店に見習いに入る。	一月、薩長同盟の密約。この年、全国で一揆・打ちこわしが多発。
一八六七年（慶応三年）　三一歳 二月、銃砲店大倉屋（後の大倉銃砲店）を開業（神田和泉橋通り）。	十月、大政奉還。十二月、王政復古の大号令。
一八六八年（慶応四年／明治元年）　三二歳 四月以前、新政府軍の兵器糧食の用達となる。五月、上野の彰義隊に拉致・喚問されたが、解放される。	一月、戊辰戦争（～六九年五月）。五月、奥羽越列藩同盟成立。七月、江戸を東京と改称。九月、明治と改元。

大倉喜八郎略年譜

一八六九年（明治二年）　三三歳

二月、新政府側の津軽藩からの注文に応じ、横浜から青森までドイツ帆船で危険を冒して鉄砲を輸送。その間、函館に寄港するも難を逃れる。

五月、五稜郭開城。六月、版籍奉還。七月、蝦夷地に開拓使設置。八月、蝦夷地を北海道と改称。

一八七〇年（明治三年）　三四歳

この年、羅紗販売店を開業（銀座三丁目）。

七月、普仏戦争（〜七一年）。十二月、『横浜毎日新聞』創刊。

一八七一年（明治四年）　三五歳

三月、新橋駅建設工事の一部を請負う（七二年九月完成）。同月、横浜水道会社を高島嘉右衛門らと設立。この年、秋に創立された共立（きょうりゅう）学校（現、開成学園）の社中（共同発起人）となる。この頃、洋服裁縫店を開設（日本橋本町、日本の洋服店の開祖ともいわれる）、貿易商店を開設（横浜弁天通り）。

四月、戸籍法制定。五月、新貨条例制定。七月、廃藩置県。同月、日清修好条規調印。九月、田畑勝手作を許可。十一月、岩倉使節団、横浜出港。

一八七二年（明治五年）　三六歳

三月、銀座大火後の復興建設事業の一部を請負う（銀座一丁目、七三年十月完成）。七月、民間人初の長期欧米視察に出発。米国各地を回り、一〇月以降、欧州ではロンドンを中心に滞在。その間、岩倉使節団の木戸孝允・大久保利通・伊藤博文らの知遇を得る。ウィーンで万国博覧会を参観（七三年九月初旬までに帰国）。

二月、土地永代売買解禁。同月、『東京日日新聞』創刊。八月、学制公布。九月、新橋・横浜間鉄道開通。十一月、国立銀行条例制定。十二月、太陽暦実施。

一八七三年（明治六年）　三七歳

十月、大倉組商会を設立、頭取となる（銀座三丁目、後に二丁目に移転）。業務は外国貿易を主とし、用達・造営を行う（大倉銃砲店は継続）。

一月、徴兵令制定。七月、第一国立銀行設立。同月、地租改正条例公布。十月、征韓論争。十一月、内務省設置。

一八七四年（明治七年）　三八歳
五月、陸軍用達として台湾出兵に随い、諸品購入・人夫雇入に従事。この年、大倉組ロンドン支店を設置（日本企業初の海外支店）。

一月、民撰議員設立建白書。二月、佐賀の乱。五月、台湾出兵。十一月、『読売新聞』創刊。

一八七五年（明治八年）　三九歳
五月、持田徳子と結婚。同月、渋沢栄一と共に東京会議所の肝煎に就任。九月、渋沢栄一と共に東京会議所を代表し商法講習所（八月設立。日本初の商業教育機関。現、一橋大学）の運営資金の支援に関する約定書を締結。

三月、東京・青森間の電信線全通。五月、樺太・千島交換条約調印。六月、讒謗律・新聞紙条例制定。九月、江華島事件。

一八七六年（明治九年）　四〇歳
夏、日朝修好条規調印を受けて朝鮮釜山浦に渡航、織物・雑貨の正札販売を開始。十月、大倉組釜山浦支店の開設を進める。

二月、日朝修好条規調印。十月、士族反乱続発。十一～十二月、農民一揆続発。十二月、オスマン帝国憲法公布。

一八七七年（明治一〇年）　四一歳
二月、西南戦争で征討軍の陸軍用達となる。九州に出張し、干魚・梅干・米等を買い付け。六月、釜山浦へ渡航、飢饉の同地へ米穀を輸送・販売。帰路、玄界灘で暴風雨にあい、九死に一生を得る。十二月、東京商法会議所（現、東京商工会議所）設立を渋沢栄一等と共に出願（七八年三月認可）。

二月、西南戦争（～九月）。四月、東京開成学校と東京医学校が合併し東京大学と改称。八月、第一回内国勧業博覧会開催（～十一月）。

一八七八年（明治一一年）　四二歳
三月、大倉組、仙台集治監（刑務所）の建設工事を着工。八月、東京商法会議所第一回総会開催、大倉は外国貿易事務委員となる。十二月、東京府会議員第一回選挙、京橋区議員に選出（八〇年八月辞任）。

六月、東京株式取引所開業。同月、第一国立銀行釜山浦支店開業（日本初の銀行海外支店）。七月、地方三新法制定。十二月、参謀本部設置。

一八七九年（明治一二年）　四三歳
十月、大倉組、製革場を大阪に設立（主に軍靴製造）。十二月、日本橋・京橋の大火で居宅焼失。この年、向島に別荘を建設。

四月、琉球王国廃絶、沖縄県設置。九月、教育令制定。

一八八一年（明治一四年）　四五歳
一月、堀川利尚等と組織した土木用達組、鹿鳴館の建設工事を着工（八三年十一月開館）。

四月、農商務省設置。十月、明治一四年の政変。同月、自由党結成。十一月、日本鉄道会社設立。

一八八二年（明治一五年）　四六歳
三月、東京電燈会社の設立発起人の一人となる（七月、大倉組に設立事務所を設置）。十一月、銀座の大倉組前で日本初の電気燈（アーク灯）を点燈公開。この年、貧民施療のために設立された共立東京病院（後の東京慈恵会医科大学）に多大の支援。

三月、『時事新報』創刊。四月、立憲改進党結成。六月、日本銀行条例制定（十月、営業開始）。七月、朝鮮で壬午軍乱。

一八八三年（明治一六年）　四七歳
八月、大倉組、上海に出張所を開設。十月、墨田堤に桜千株補植を成島柳北等と共に出願。十一月、偽茶・粗悪茶の取締法制定を願う建議書を農商務省に提出。

七月、官報創刊。八月、フランスがベトナムを保護国化。十月、東京商工会設立認可（東京商法会議所解散）。

一八八四年（明治一七年）　四八歳
五月、日本茶の信用回復と米国商業視察のため米国へ出発（八五年一月帰国）。九月、大倉組、皇居造営工事の一部を請負う。

六月、清仏戦争。七月、華族令制定。十月、秩父事件。十一月、列強のベルリン会議。十二月、朝鮮で甲申事変。

一八八五年（明治一八年）　四九歳
六月、大倉組・藤田組、大阪天神橋建設工事を着工。十月、東京瓦斯会社（現、東京ガ

四月、日清間で天津条約調印。十二月、

ス）を設立、委員となる。十一月、貿易協会（後の日本貿易協会）を設立、幹事となる。

一八八六年（明治一九年）　五〇歳

二月、東京商工会の幹事となる。三月、大倉組・藤田組、琵琶湖疏水の建設工事を着工（九〇年三月完工）。四月、『貿易意見書』を発表。七月、東京電燈会社を開業（現、東京電力の基）。八月、演劇改良会を結成、発起人の一人となる。十二月、開拓使の札幌麦酒醸造所（七六年設立）の払下げを受け、大倉組札幌麦酒醸造場を設立（現、サッポロビールの源）。同月、大倉組・藤田組、佐世保軍港建設工事を着工。

一八八七年（明治二〇年）　五一歳

三月、日本土木会社を設立（東京方面の事業は大倉組、大阪方面の事業は藤田組が主管し、水利・土木・建設事業を請負う。後に藤田組が撤退、大倉組の単独企業となる。現、大成建設に継承）。四月、内外用達会社を設立（大倉組・藤田組の共同経営）。六月、大倉組、天津支店を設置。八月、東京毛糸紡織会社を設立（九三年、東京製絨会社と改称）。十二月、東京ホテルを設立（現、帝国ホテル）、渋沢栄一と共に発起人総代となる。

一八八八年（明治二一年）　五二歳

一月、札幌麦酒会社を渋沢栄一等と共に設立、委員となる（同社に大倉組札幌麦酒醸造場を譲渡）。同月、日本土木会社、東京ホテル（日本初の純洋風ホテル）の建設工事を着工（九〇年三月竣工）。二月、日本土木会社、歌舞伎座の建設工事を着工（八九年十一月完工・開場。日本初の大劇場）。七月、日本土木会社の社長となる。八月、演劇改良会の相談役となる。

内閣制度発足（初代総理大臣・伊藤博文）。この年、松方デフレ。

一月、北海道庁設置。三月、帝国大学令公布。四月、師範学校令・小学校令・中学校令公布。十月、ノルマントン号事件。この年、企業勃興始まる（〜八九年）。

五月、私設鉄道条例公布。八月、『反省会雑誌』創刊（九九年、『中央公論』と改題）。十月、大同団結運動、三大事件建白書。同月、東京音楽学校・東京美術学校開校。十二月、保安条例公布。

四月、市制・町村制公布。同月、枢密院設置。七月、『東京朝日新聞』創刊。八月、三池鉱山、三井組に払い下げ。十一月、『大阪毎日新聞』創刊。

一八八九年（明治二二年） 五三歳
七月、日本土木会社、九州鉄道の敷設工事を着工。

一八九〇年（明治二三年） 五四歳
五月、日本土木会社、利根運河の建設工事を完工（利根川・江戸川を通水し懸案を解決）。七月、東京ホテル、帝国ホテル会社と改称。十一月、帝国ホテル開業。

一八九一年（明治二四年） 五五歳
五月、東京商業会議所（一月設立認可。八月、東京商工会解散）議員に当選、仮幹事となる（仮会頭・渋沢栄一）。九月、同商業会議所の工業部長となる。

一八九二年（明治二五年） 五六歳
六月、日本土木会社、帝国京都博物館（現、京都国立博物館）の建設工事を請負う。十二月、日本土木会社の解散と事業の一切を大倉喜八郎が継承することを決定。

一八九三年（明治二六年） 五七歳
六月、大倉土木組を設立、店主となる（日本土木会社の残工事と清算事業を継承）。十一月、合名会社大倉組を設立（商法の一部改正施行を機に、貿易業務の大倉組と官庁用達業務の内外用達会社とを合併）、頭取となる。同月、日本土木会社は解散。

一八九四年（明治二七年） 五八歳
五月、札幌麦酒会社が株式会社に改組、取締役となる。八月、大倉組、日清戦争で軍用達となる。大阪支店で糧食・衣類等の軍需物資を調達、戦地では各種軍事構築物の造営

二月、大日本帝国憲法公布。同月、会計法公布。七月、東海道線全通。

一月、日本初の経済恐慌始まる。七月、第一回総選挙。十月、教育勅語発布。十一月、第一回帝国議会開会。

五月、大津事件。十一月、田中正造、足尾鉱毒問題質問書を衆議院に提出。

六月、鉄道敷設法公布。九月、全国商業会議所連合会創立。十一月、『万朝報』創刊。

三月、取引所法公布。五月、防穀令事件で朝鮮政府と賠償案妥結。七月、会社篇など商法の一部施行。十月、文官任用令公布。

四月、朝鮮で甲午農民戦争。七月、日英通商航海条約調印（領事裁判権廃

を担当。十一月、戦勝祝賀大運動会を東京の実業家有志で発起し、上野で開催。

一八九五年（明治二八年）　五九歳

七月、大倉土木組、ソウルの日本領事館の建設工事を着工（九六年末に完工）、これを機にソウル出張所を開設。同月、大倉組、台湾に出張所を開設。十月、大倉土木組、台北・基隆間の鉄道の改築工事を請負う。

一八九七年（明治三〇年）　六一歳

五月、朝鮮の京仁鉄道引受組合結成、組合員となる。十一月、台湾銀行創立委員となる（九九年七月、同銀行設立）。この年、大倉土木組、中央線の敷設工事の一部を請負う。

一八九八年（明治三一年）　六二歳

一月、商業学校設立の意と五〇万円の拠出を石黒忠悳に表明。五月、還暦・銀婚祝賀の園遊会を開催。席上、石黒忠悳が「大倉氏商業学校設立ノ主意」を発表。七月、ロンドンで発行の『ザ・タイムズ』、商業学校設立は大倉喜八郎の美挙との記事を掲載。十月、法人寄付行為制定。十一月、東京府より財団法人大倉商業学校設立認可。同月、大倉商業学校の校舎敷地を赤坂区葵町三番地に決定。

一八九九年（明治三二年）　六三歳

一月、大倉土木組、大倉商業学校校舎の建設工事を着工。三月、東京商業会議所の副会頭となる。五月、北海道拓殖銀行設立委員となる（一九〇〇年二月、同銀行設立）。同月、大倉土木組、官設台湾縦貫鉄道の敷設工事に従事。六月、大倉土木組、旭川第七師団の施設の建設工事を着工（一九〇二年完成）。七月、台湾銀行設立総会で監査役とな

止）。八月、日清戦争（〜九五年）。

四月、日清間で下関条約調印、清が賠償金を払い、台湾等を割譲。同月、三国干渉。五月、日本、遼東半島全面放棄。十一月、『東洋経済新報』創刊。

六月、『実業之日本』創刊。七月、普通選挙同盟会、労働組合期成会、結成。十月、貨幣法施行により金本位制成立。

四月、米西戦争。六月、隈板内閣成立（初の政党内閣）。同月、清で光緒帝、戊戌変法始める（九月、戊戌の政変で挫折）。七月、民法全編施行。同月、商法全面施行。同月、米国、ハワイを併合。十月、日本美術院創立。

二月、実業学校令公布。三月、著作権法公布。同月、中国で義和団蜂起。六月、改正商法施行。同月、初の日本製映画公開。七月、外国人居留地制度撤

る（一九二四年まで再選重任）。この年、東京市営養育院の常設委員となる。

一九〇〇年（明治三三年）　六四歳
四月、日本電気協会の会長となる。五月、パリ万国博覧会視察と欧米商業視察のため横浜港を出発、妻・徳子と英国に留学する息子・喜七（後に喜七郎と改名）を伴う（九月帰国）。七月、文部省、大倉商業学校の設立認可。八月、校舎竣工、第一回入学試験実施。九月一日、大倉商業学校開校式（予科二年・本科四年、赤坂葵町、初代督長・渡辺洪基、東京初の甲種商業学校）。

一九〇一年（明治三四年）　六五歳
一月、大倉商業学校、夜学専修科（二年）を開設。六月、大倉組、ニューヨーク支店を開設。同月、京釜鉄道創立総会で取締役となる。

一九〇二年（明治三五年）　六六歳
一月、日本製靴設立（現、リーガルコーポレーション）。二月、大倉土木組等、朝鮮の京釜鉄道の敷設工事を着工。三月、日本興業銀行創立総会で監査役となる。七月、釜山埋築を設立、社長となる。九月、湖南汽船を設立、相談役となる。十一月、初の清国旅行（上海から揚子江一帯を視察）。

一九〇三年（明治三六年）　六七歳
十二月、大倉組、中国の漢陽鉄廠局に借款を供与。この年、八幡製鉄所が生産する鋼材の初の民間払下げ商に指定される。

廃、内地雑居始まる。八月、私立学校令公布。

二月、北海道拓殖銀行設立。三月、治安警察法公布。五月、軍部大臣現役武官制確立。六月、清の義和団事件に日本出兵。九月、立憲政友会結成（初代総裁・伊藤博文）。

五月、社会民主党結成。九月、八幡製鉄所操業開始。十二月、田中正造、足尾銅山鉱毒事件で天皇に直訴。

一月、日英同盟協約調印。三月、商業会議所法公布。四月、日本興業銀行開業。

三月、専門学校令公布（実業専門学校を規定）。十二月、ライト兄弟が飛行機を発明。

一九〇四年（明治三七年）　六八歳

三月、大倉商業学校校友会発足（教職員・卒業生・生徒で構成。会長・立花寛蔵）。七月、『校友会雑誌』創刊。この年、大倉組、日露戦争で軍用達となる。

二月、日露戦争勃発（～〇五年）。同月、日韓議定書調印。八月、第一次日韓協約調印。

一九〇五年（明治三八年）　六九歳

一月、旅順要塞陥落の報を聞き、旅行中の韓国から満洲に渡り、日本軍将兵を慰問。三月、大倉組、保険部を設置。八月、大倉邸内で孫文・黄興等が中国同盟会結成大会を開く。この年、大倉土木組、北京日本公使館の建設工事を請負い、北京出張所を開設。

一月、京釜鉄道全線開通。九月、日露間でポーツマス条約調印。同月、日比谷焼打ち事件。十一月、第二次日韓協約調印（日本が外交権を掌握）。

一九〇六年（明治三九年）　七〇歳

三月、日本・札幌・大阪の三麦酒会社が合同して大日本麦酒を設立、監査役となる。七月、南満洲鉄道株式会社の設立委員となる（十一月、同会社設立）。一〇月、古稀祝賀園遊会を開催。席上、石黒忠悳が大阪と漢城（現、韓国ソウル）に商業学校を設立する計画を発表。

二月、韓国統監府開庁（初代統監・伊藤博文）。三月、鉄道国有法公布。八月、関東都督府官制公布。十月、サンフランシスコ市で日本人学童の入学拒否事件（日本人移民排斥運動）。

一九〇七年（明治四〇年）　七一歳

二月、帝国劇場を設立、取締役となる。三月、日清豆粕製造を設立（現、日清オイリオグループ）、顧問となる。四月、大阪大倉商業学校開校（現、関西大倉学園）。同月、善隣商業学校、漢城に開校（現、韓国公立善隣インターネット高校）。同月、日本皮革を設立（大倉組皮革製造所等三社が合併。現、ニッピ）。同月、郷里の新潟県新発田町に基本金として五万円を寄付。五月、日本化学工業を設立、取締役となる。六月、満洲視察旅行、本渓湖炭鉱合弁事業を中国当局と協議。七月、帝国製麻を設立（日本製麻・北海道製麻を合併。現、帝国繊維）、取締役となる。同月、東京慈恵会理事となる。十二月、東海紙料を設立（現、特種東海製紙）、会長となる。この年、大倉組、豪州シドニー

一月、日露戦後恐慌始まる。三月、義務教育六年制となる。同月、日本人労働者の米国入国禁止。四月、元帥府、「帝国国防方針」を決議。七月、ハーグ密使事件。同月、第三次日韓協約調印（日本が内政全般を掌握）。同月、日露協約調印。八月、義兵運動、朝鮮全域に拡大。十一月、日本製鋼所設立。

に支店を開設。

一九〇八年（明治四一年）　七二歳
九月、東洋拓殖の設立委員となる（十二月、同会社設立）。

四月、第一回ブラジル向け移民出発。十月、戊申詔書発布。

一九〇九年（明治四二年）　七三歳
五月、大倉商業学校同窓会発足。十月、台湾に新高製糖を設立、監査役となる。

十月、伊藤博文がハルピンで暗殺される。この年、生糸輸出量世界一となる。

一九一〇年（明治四三年）　七四歳
五月、奉天で東三省総督・錫良と日清合弁契約に調印、商弁本渓湖煤礦有限公司を設立。八月、神戸の安養山別荘の敷地七千有余坪と建物を神戸市に寄付（現、大倉山公園）。

四月、『白樺』創刊。五月、大逆事件。八月、韓国併合条約調印。十月、朝鮮総督府設置。

一九一一年（明治四四年）　七五歳
二月、帝国劇場落成（日本初の西洋式劇場）。八月、恩賜財団済生会監事となる。十月、奉天で東三省総督・趙爾巽と製鉄事業の合弁契約に調印、商弁本渓湖煤礦有限公司を商弁本渓湖煤鉄有限公司と改称し増資。同月、大倉喜八郎述・菊池暁汀編纂『致富の鍵』（丸山舎書籍部）刊行。十一月、株式会社大倉組を設立、社長となる（大倉組の商事・鉱業部門を継承し、大倉土木組も合併。合名会社大倉組は存続）。同月、恩賜財団済生会に百万円寄付。

二月、日米新通商航海条約調印（日本は関税自主権を回復）。三月、工場法公布。九月、『青鞜』創刊。十月、中国で辛亥革命（十二月、孫文を臨時大総統に選出）。同月、内外綿、上海支店設置（在華紡の先駆）。

一九一二年（明治四五年／大正元年）　七六歳
一月、大倉組、孫文等の辛亥革命臨時政府に三百万円の借款供与。七月、大倉喜八郎を

一月、中華民国成立（十三年十月、日

慕う大倉系企業の関係者と部下等の親睦会、葵会を創立（十月、鶴友会と改称）。	本政府、正式承認）。二月、宣統帝退位、清朝滅亡。八月、友愛会結成。
一九一三年（大正二年）　七七歳 二月、向島別邸で孫文と会談。十月、喜寿の祝賀式寿像除幕式を挙行、返礼として三日間、帝国劇場にて三千余名を招き祝宴。	二月、第一次護憲運動、大正政変（桂太郎内閣総辞職）。八月、東海道本線の全線複線化工事完成。
一九一四年（大正三年）　七八歳 四月、上海に日中合弁の順済鉱業公司を設立。五月、孫文と再び会談。	七月、第一次世界大戦勃発（～一八年）。八月、日本、ドイツに宣戦布告。
一九一五年（大正四年）　七九歳 一月、本渓湖煤鉄公司第一高炉火入式に参列、北京で中華民国大総統・袁世凱と会見。十一月、新潟県人会会長に推薦される。十二月、永年の勲功により男爵を授かる。	一月、日本政府、対華二十一カ条の要求を提出（五月最後通牒、中国受諾）。この年、大戦景気始まる。
一九一六年（大正五年）　八〇歳 二月、喜寿を祝う各界からの歌・書・画を集めた『鶴乃とも』を刊行。三月、大倉組、川島浪速を介して粛親王に百万円の借款供与（九月に五十万円追加）。四月、大倉喜八郎述・井上泰岳編『努力』（実業之日本社）刊行。同月、狂歌振興の同好会、面白会の結成に参加、会誌『みなおもしろ』（～二五年）発行を助成。八月、大倉組、山陽製鉄所の建設工事を着工。十月、寿像の除幕式を新発田町で挙行。	一月、吉野作造が民本主義を説く。同月、『婦人公論』創刊。九月、工場法施行。
一九一七年（大正六年）　八一歳 三月、東京毛織を設立（大倉が取締役の東京製絨等三社が合併）、相談役となる。七月、東京商業会議所特別議員となる。八月、財団法人大倉集古館を設立（日本初の私立美術館）、美術品・土地・建物と維持資金を寄付。同月、山陽製鉄所第一高炉火入式に参列。	一月、中国への西原借款開始。二月、『主婦之友』創刊。三月、日本工業倶楽部設立。九月、金輸出を禁止（金本位

十一月、大島製鋼所を設立、発起人となる。十二月、本渓湖煤鉄公司第二高炉火入式に参列。同月、大倉組から鉱山部・土木部を分離して大倉鉱業、大倉土木組を設立。

制停止）。十一月、ロシア十月革命（二二年十二月、ソ連邦結成）。

一九一八年（大正七年）　八二歳

一月、大倉鉱業、北海道茂尻炭坑の開掘に着手。三月、合名会社大倉組、資本金を一千万円に増資し持株会社となる。五月、大倉集古館開館、一般公開。七月、株式会社大倉組、大倉商事株式会社と改称。同月、大倉製糸工場を設立、会長となる（一九年六月、同社新発田工場開業）。

八月、シベリア出兵（〜二二年）。同月、米騒動始まる（全国に波及）。十一月、ドイツ革命、休戦協定調印。十二月、大学令公布。

一九一九年（大正八年）　八三歳

五月、鴨緑江製紙を設立、会長となる。八月、台湾電力が設立され、監事となる。十一月、文部省、大倉商業学校の専門学校への組織変更、大倉高等商業学校への校名変更を認可。

三月、朝鮮で三・一独立運動。四月、『改造』創刊。五月、中国で五・四運動。六月、ベルサイユ講和条約調印。十二月、協調会設立。

一九二〇年（大正九年）　八四歳

二月、大倉商事、日本無線電信電話を設立（現、日本無線）。四月、大倉商業学校が大倉高等商業学校へ昇格、本科（三年制）開設。十月、大倉高商創立二〇周年記念祝賀会で祝辞、「幸福を授ける神やまもるらん　自助と努力と誠意ある人」と詠む。十二月、合名会社大倉組、資本金を五千万円に増資。

一月、国際連盟発足。三月、戦後恐慌。四月、東京高等商業学校、東京商科大学に昇格（現、一橋大学）。五月、日本初のメーデー。十月、第一回国勢調査実施。

一九二一年（大正一〇年）　八五歳

七月、大倉商事、中国済南に青島冷蔵を設立。十一月、大倉組、中国吉林に吉省興林造紙股份有限公司を設立。

十一月、ワシントン会議開催（十二月、四カ国条約調印、日英同盟廃棄）。

一九二二年（大正一一年）　八六歳

この年度の「富豪所得税番付」（『実業之日本』）で大倉は西の横綱となる（東の横綱は三菱財閥総帥の岩崎久弥）。

三月、全国水平社結成。四月、日本農民組合結成。七月、日本共産党結成。八月、日本経済連盟会設立。

一九二三年（大正一二年）　八七歳

夏、新潟県人会で「進一層」と題して講演。九月、震災により赤坂の本邸・大倉高商校舎・大倉集古館を焼失、大倉組ほか系列企業に多数被害。同月、救護資金百万円を寄付。一〇月、大倉高商、麻布中学校の校舎を借りて授業再開。

一月、『文藝春秋』創刊。四月、『エコノミスト』創刊。九月、関東大震災。十二月、虎の門事件。

一九二四年（大正一三年）　八八歳

四月、大倉高商、新校舎竣工。九月、米寿記念に自作狂歌七四二首を選び、『狂歌鶴彦集』（畑徳三郎編・刊）を刊行。同月、鶴友会、『大倉鶴彦翁』を編纂・刊行（初の伝記、徳富蘇峰が校閲）。この年、米寿を機に大倉組を始め関係会社の重役を辞職、息子・喜七郎が大倉組新頭取となる。

一月、第二次護憲運動。同月、中国で第一次国共合作成立。五月、米国で排日移民法成立。六月、護憲三派内閣成立。七月、小作調停法公布。十一月、孫文、神戸で大アジア主義演説。

一九二五年（大正一四年）　八九歳

一月、大倉高商同窓会、葵友会と改称。五～八月、中国に長期旅行（満洲本渓湖訪問は七回目）。奉天では軍閥政治家・張作霖と数回会見、破格の待遇を受ける。この年、陸軍現役将校学校配属令により大倉高商に軍事教練教官配属。

一月、日ソ基本条約調印。同月、『キング』創刊。四月、治安維持法公布。五月、普通選挙法公布。同月、上海で五・三〇事件。

一九二六年（大正一五年／昭和元年）　九〇歳

四月、大倉高商、高等文官試験予備試験免除に指定。八月、南アルプスの赤石岳を踏破。九月、遺言書を残す。

四月、労働争議調停法公布。七月、中国国民党、北伐開始。十二月、円本ブーム始まる。

一九二七年（昭和二年）　九一歳

十月、朝鮮で善隣商業学校の創立二〇周年記念式典、大倉翁銅像除幕式に参列。十二月、大倉土木、東洋初の地下鉄（銀座線浅草・上野間）建設工事を竣工、営業開始。同月、大倉火災海上保険を設立（現、あいおいニッセイ同和損害保険）。

三月、金融恐慌。四月、台湾銀行等、休業銀行続出。五月、山東出兵（〜九月）。七月、岩波文庫刊行開始。同月、第一次国共合作崩壊。

一九二八年（昭和三年）　九二歳

一月、大倉高商始業式で最後の訓話。同月、勲一等旭日大綬章を授かる（実業家として初の受章）。四月二二日、死去（戒名は大成院殿禮本超邁鶴翁大居士）。四月、『大倉高商新聞』創刊。五月、大倉学会発足（十二月、『大倉学会雑誌』創刊）。七月、大倉高商の校章を制定。十月、大倉高商校歌発表。同月、大倉集古館再開館。十二月、大倉高商学生大会、自治会設立を決議（三〇年四月、学友会発足）。

二月、初の男性普通選挙実施。三月、三・一五事件。四月、日本商工会議所設立。六月、張作霖爆殺事件。同月、北伐終了。八月、パリ不戦条約調印。十月、ソ連、第一次五ヶ年計画開始。

*年月の記載は、一八七二年（明治五年）までは陰暦。翌年以降は太陽暦に拠った。
*年表作成に当たり、主として以下の文献を参照した。東京経済大学史料委員会編『稿本 大倉喜八郎年譜 第三版』（東京経済大学、二〇一二年）。東京経済大学100年史編纂委員会編『東京経済大学の100年』（東京経済大学、二〇〇五年）。歴史学研究会編『日本史年表 第四版』（岩波書店、二〇〇一年）。

初版あとがき ―― 編纂を終えて

東京経済大学史料委員会
委員長　大岡　玲

『大倉喜八郎かく語りき―進一層、責任と信用の大切さを―』の編纂作業を、なんとか期限ぎりぎりに終え、目標期日に発刊できる運びとなり心からほっとしております。本年四月、図書館長就任と同時に慣例により史料委員会の委員長の任も拝命することになり、前任者の大森賢二教授からさまざまな引き継ぎの説明は受けました。その折、今年度は史料委員会の正念場ですよ、と大森先生はおっしゃったのですが、実際に委員会の仕事に向き合ってみて、大変な時期に委員長となってしまったな、というのが正直な感想でした。というのも、今年の一〇月一八日の「大倉喜八郎 進一層館」竣工、および大倉喜八郎銅像除幕式に合わせて、史料委員会は二つの大きな事業を完遂しなければならなかったからです。

その一つは、「進一層館」内に本学沿革史展示コーナー「大倉喜八郎と東京経済大学の歩み」を設置すること、もう一つが本書『大倉喜八郎かく語りき』の編纂・刊行でした。

どちらも一〇月上旬に完成せねばならないという期限があり、大詰めは夏季授業休止期間にやってきました。この間、史料委員会の村上勝彦顧問、坂本寛協力委員、史料室の永山和彦委員、幸島浩子さんが連日作業とまさに格闘してくださいました。

史料委員会の記録や関係者の話から刊行にいたる経緯にふれてみます。この『大倉喜八郎かく語りき』制作企画は、昨年の一〇月の史料委員会での議論に始まります。一八九九（明治三二）年、大倉商業学校設立の前年に、雑誌インタビューに答える形で、大倉喜八郎がみずからの生涯を語る記事が、七回にわたって連載されました。『大倉喜八郎氏経歴談　実業家経歴談』（大倉喜八郎氏口述　『実業之日本』記者筆記）というものです。この記事について、坂本寛協力委員から、重要な価値を持つ内容であるから、全文を印刷物にして学生などへ配布してはどうかという提案が出されました。これを受け、史料委員会で審議した結果、掘り起こされた資料を中心に据え、他に大倉喜八郎の講演や談話等を集めて新書版一冊を構成し刊行するという計画がまとまったのです。

さらに、この刊行を大学の事業として行うこと、「進一層館」開館式に合わせて上梓することなどを大学へ申入れ、認められました。同館開館式に配布するということで、予算も確保されました。しかし、その後、前述の発掘資料の精読により、いくつかの困難にも遭遇しました。たとえば、大倉翁在世当時はごく一般的に使われた表現であっても、現代社会の通念にはあまりそぐわない用語などが散見され、ただ単純にすべての史料を並べればいいというわけにもいかなくなったのです。そこで、昨年一二月から今年の一月の史料委員会で慎重な議論をおこない、学生など幅広い読者を想定した今回の印刷物からは、そうした懸念のある文章ははずすという結論にいたりました。こうして、当初の計画とはかなり形を変え、大倉喜八郎の講演や談話をより広く集めて一冊の新書版刊行物にする方向へと舵をきることになりました。その後、一層の議論を重ね、今年二月の史料委員会では、三つの柱に区分して講演・談話等を編成するという基本方向が確立して、その後の作業へとすすんだのです。

しかし、もう一点、これは私のような、教員であるとともに文筆業も行っている人間にはお馴染の、しかし、きわめて厄介な問題にも、史料委員会は襲われました。昨年来、「進一層館」の竣工式は一一月のホームカミングデーに行われ、印刷物も沿革史展示コーナーも一〇月下旬完成を想定しておりました。この日程でもタイトであり、間に合わせることが危ぶまれていたのですが、実際の「進一層館」の竣工式は一〇月一八日と決まり、この日に、史料委員会の二つの課題は終了していなくてはならなくなったのです。つまり、予想していた日程より半月前倒しとなりました。締切が早まるというこの未曾有の困難にあって、夏休み中、村上顧問、永山委員、坂本協力委員、幸島さんには多大なご努力を願うことになりました。上記委員諸氏による本文校訂と注作成、戸邉秀明委員による略年譜作成、八月のお盆休み中に原文と照合された本文と注の入った原稿が各委員に届けられ、八月下旬には、本文の三分の二にあたる部分の入稿が行われました。つづいて九月に入る直前に残りの入稿が行われました。そののち、数次にわたる校正・修正を行って、一〇月上旬、新書版二百六十四頁の『大倉喜八郎かく語りき』が無事刊行されたのです。

『大倉喜八郎かく語りき』に収められた三十編の演説、談話には村上顧問が本文を深く理解する手引きとして、懇切な解説を付してくださいました。大倉喜八郎は長寿だったため、明治、大正、昭和と三つの時代にわたって、各種の刊行物や雑誌などで、大倉商業、大倉高商、大倉経済専門学校の学生の他、当時の若者、広く一般国民に向かって語っております。そこで語られた言葉の中には、二一世紀を生きる東京経済大学の学生、卒業生、教職員、そしてこの本を手に取るすべての方々にとって、生きる上でのなにかのヒントがあるのではないか。あってほしい。そういう願いをこめて、激動の時代を生きた大実業家であり、且つ、本人自身の言葉でいえば積極的慈善事業家でもあった大倉喜八郎の言葉をお贈りしたいと思います。

改訂版について

この「初版あとがき」と、冒頭の「初版刊行に寄せて」「初版刊行に想う」は、文字通り、二〇一四年一〇月の初版発行の際の記述である。この改訂版では、以下のことを行った。本文は、送り仮名を現代のそれに更に改め、平易にするため原文の漢字を仮名に更に直した場合があり、また新たに注を加えている。そのため「凡例」の一部を直しているが、基本に変化はない。「解説」はその後の事情を加味してほんの一部を直している。巻末の「略年譜」についても、改めて記載事項を点検し、修正・増補を施した。

東京経済大学史料委員会

改訂版　大倉喜八郎　かく語りき
— 進一層、責任と信用の大切さを —

2014年10月18日　初版発行
2018年11月 1 日　改訂版発行
2019年 9 月 1 日　改訂２刷発行

定価（本体 1,000円＋税）

編　集　東京経済大学史料委員会
連絡先　Tel 042-328-7955　Fax 042-328-5900
メール siryou@s.tku.ac.jp

発行者　学校法人 東京経済大学
〒185-8502　東京都国分寺市南町1-7-34

発売所　株式会社 日本経済評論社
〒101-0062　東京都千代田区神田駿河台1-7-7
Tel 03-5577-7286　Fax 03-5577-2803
URL：http://www.nikkeihyo.co.jp/

印刷・製本　社会福祉法人 東京コロニー　コロニー印刷
〒189-0001　東京都東村山市秋津町2-22-9

乱丁落丁本はお取替えいたします。　Printed in Japan

ISBN978-4-8188-2513-0